高雄研究叢刊
第1種

孔邁隆教授

美濃與客家研究論集（上）

家的合與分－臺灣的漢人家庭制度

譯者　黃宣衛　劉容貴

作者　孔邁隆　Myron L. Cohen

高雄研究叢刊序

　　高雄地區的歷史發展，從文字史料來說，可以追溯到 16 世紀中葉。如果再將不是以文字史料來重建的原住民歷史也納入視野，那麼高雄的歷史就更加淵遠流長了。即使就都市化的發展來說，高雄之發展也在臺灣近代化啟動的 20 世紀初年，就已經開始。也就是說，高雄的歷史進程，既有長遠的歲月，也見證了臺灣近代經濟發展的主流脈絡；既有臺灣歷史整體的結構性意義，也有地區的獨特性意義。

　　高雄市政府對於高雄地區的歷史記憶建構，已經陸續推出了『高雄史料集成』、『高雄文史采風』兩個系列叢書。前者是在進行歷史建構工程的基礎建設，由政府出面整理、編輯、出版基本史料，提供國民重建歷史事實，甚至進行歷史詮釋的材料。後者則是在於徵集、記錄草根的歷史經驗與記憶，培育、集結地方文史人才，進行地方歷史、民俗、人文的書寫。

　　如今，『高雄研究叢刊』則將系列性地出版學術界關於高雄地區的人文歷史與社會科學研究成果。既如上述，高雄是南臺灣的重鎮，她既有長遠的歷史，也是臺灣近代化的重要據點，因此提供了不少學術性的研究議題，學術界也已經累積有相當的研究成果。但是這些學術界的研究成果，卻經常只在極小的範圍內流通而不能為廣大的國民全體，尤其是高雄市民所共享。

　　『高雄研究叢刊』就是在挑選學術界的優秀高雄研究成果，將之出版公諸於世，讓高雄經驗不只是學院內部的研究議題，也可以是大家共享的知識養分。

　　歷史，將使高雄不只是一個空間單位，也成為擁有獨自之個性與意義的主體。這種主體性的建立，首先需要進行一番基礎建設，也需要投入一些人為的努力。這些努力，需要公部門的投資挹注，也需要在地民間力量的參與，當然也期待海內外的知識菁英之加持。

『高雄研究叢刊』，就是海內外知識菁英的園地。期待這個園地，在很快的將來就可以百花齊放、美麗繽紛。

國史館館長

導言　美濃、家庭與客家：簡介《家的合與分》一書[1]

黃宣衛

美濃鎮開庄 2 百多年來，昨天首次將榮譽鎮民頒給美國哥倫比亞大學東亞研究所所長孔邁隆；孔邁隆建議，美濃客家還要往前看，才能讓美濃成為全球客家學重鎮，把客家學推向全世界。

美濃鎮公所昨天相當隆重地舉辦頒發榮譽鎮民儀式，特地請來美濃婦女合唱團獻唱，觀禮的行政院客委會主委李永得，當場邀孔邁隆參加年底客委會主辦全球客家論壇會議；孔邁隆表示，他計畫將收藏的 2 百多件清朝時期的美濃文物，交由客委會典藏。

孔邁隆接受榮譽鎮民證書後用客家話說，「美濃龍肚大崎下」是他「學術故鄉」，40 多年前，他為寫博士論文從美國到美濃，住在龍肚鍾家三合院「夥房」，看到客家家族特有「嘗會」即「家族公田」很有趣，各房後代一起耕作等有了收成大家分享，建立家族向心力，也以此做為博士論文，因此在美濃住了兩年。

2008 年 1 月 16 日行政院客委會發布的這項訊息，充分展現美國文化人類學者孔邁隆（Myron L. Cohen）與美濃、客家的深厚淵源，也點出了他 1976 年出版《家的合與分》一書的主題：家庭。[2] 此書內容豐富，可以分別從不同角度切入討論，藉由中譯本出版之際，本文試著以美濃、漢人家庭結構與客家研究三個面向，來介紹本書的多重意涵。

1　本文撰寫期間，承蒙徐正光、邱秀英、王和安、王乃雯、劉容貴等人提供寶貴意見，謹此致謝。

2　英文書名為：*House United, House Divided: The Chinese Family in Taiwan*。原書封面的中文書名為：《臺灣的中國家庭制度》。中譯本作：《家的合與分——臺灣的漢人家庭制度》。

美濃與孔邁隆

美濃目前屬於臺灣南部高雄市的轄區，是臺灣重要的客家行政區、[3] 以及著名的客家語言文化區。其地名原作「瀰濃」，按臺灣客家語南四縣腔的寫法為 miˇnungˇ。地形上有丘陵、平原及部分山脈分布，[4] 東鄰六龜、東南鄰屏東縣高樹、南鄰屏東縣里港、西鄰旗山、北鄰杉林。自清朝年間，即屬於南部六堆中的右堆。[5] 但因為在六堆的最北端，所以在客家社會文化上與南邊屏東縣的其他五堆略有不同。

許多文獻中都指出，客家人有濃厚的「崇文重教」、「晴耕雨讀」、「耕讀傳家」等觀念。由清朝「鳳山縣科舉中試人物表」中可看出，自六堆子弟被

3　即客家文化重點發展區。客家文化重點發展區係依據「客家基本法」第 6 條規定，「客家人口達三分之一以上之鄉（鎮、市、區），應列為客家文化重點發展區」，並以「99 年至 100 年全國客家人口基礎資料調查研究」之調查結果為基礎，於民國 100 年（2001）2 月 25 日發布現行 69 個鄉（鎮、市、區）為客家文化重點發展區。詳細資料參考客委會網站。

4　參考《臺灣地名辭書卷 5 高雄縣（下）》（南投：國史館臺灣文獻館，2008），頁 644。

5　清康熙年間，臺灣南部發生民變。下淡水溪流域人數居劣勢的客家人為了保鄉衛土，組成六「堆」（意思通「隊」），分成前堆、後堆、中堆、左堆、右堆、先鋒堆，各堆設置一名總理及監軍，六堆共同推舉正副「大總理」各一名統領軍務，以便在福佬人、平埔族、高山族聚落之間求取生存。美濃與高樹皆屬右堆。根據林正慧研究可說明，下淡水客庄鄉團組織形成的主因，是為了防止起事勢力侵犯其生存空間，可由朱一貴〔康熙 60 年（1721）〕及吳福生事件〔雍正 10 年（1732）〕期間，當地客庄之鄉團組織兵力部署的情形得到印證。林正慧，〈第六章　六堆形成之因〉，《六堆客家與清代屏東平原》（臺北：遠流出版事業股份有限公司，2008），頁 161。李文良曾就「六堆內部的區域性」分析「日治時期六堆大租權者的地域分布」，對六堆粵莊大租的持有者，進行空間分布統計發現，即使到了清朝統治結束的 20 世紀初期，仍有高達八成以上的六堆粵莊大租，是掌握在非六堆之人手中，右堆、先鋒堆、前堆、後堆、中堆等區域，非六堆人控制了九成五的大租，而最南端的左堆卻正好相反，有近九成六的大租權控制在六堆粵人手中，可以明顯看出六堆內部的差異性。李文良認為：「現在我們普遍認為的、具有內在一致性的『六堆客家』，極有可能是在歷史時期逐漸演變構形而成，不是一開始或其本質如此。」李文良，《清代南臺灣的移墾與「客家」社會（1680~1790）》（臺北：國立臺灣大學出版中心，2011），頁 32-36。

允許參與科考後，涵蓋高屏的鳳山縣考中進士者 5 人，其中客家人有 3 人；日治前，鳳山縣舉人 28 人，六堆佔 20 人，文風鼎盛可見一斑。[6] 依最新的統計，美濃出身的博士有 300 人，因而擁有「博士之鄉」美譽，此外，擔任校長者有 165 人，可見美濃人多麼重視教育。

另一方面，1980 年代末期以來風起雲湧的社會運動中，也始終可見美濃人的身影。1987 至 1988 年的五二〇農運中，即有不少美濃人參與抗爭，而此後美濃更因反水庫運動中成功集結動員地方力量而聲名大噪。1992 年間，中央政府計畫在美濃興建水庫以解決南臺灣工業用水問題，然而水庫興建對美濃當地所可能形成的生態威脅，引發在地不安。美濃愛鄉協進會對外除了帶領居民多次北上陳情，亦將反水庫的行動連結至 1990 年代席捲全臺灣的民主化、臺灣客家以及環保運動論述，從而形成全國性的反水庫運動。另一方面，美濃愛鄉協進會對內則善用地方血緣關係及長幼秩序倫理，從而獲得超黨派的鄉親支持。在地方組織多年努力下，2000 年政府宣布終止美濃水庫興建計畫。至此，由反水庫所集結的地方力量轉向國家主導的社區總體營造運動，而由美濃愛鄉協進會陸續衍生出社區大與南洋臺灣姊妹會等組織，試圖突破由地方派系所壟斷的政治生態，以「分進合擊」的方式進行社區再造，斐然有成。[7]

1963 年，26 歲的美國哥倫比亞大學博士生孔邁隆會以美濃為田野主要有兩重因素。根據 2014 年客家電視臺的報導，孔邁隆「當時選擇以美濃做

6　例如：蕭盛和，〈第六章　文教發展〉，《右堆美濃的形成與發展》（臺北：文津出版社有限公司，2009）。

7　參見美濃鎮誌編纂委員會編纂，〈第十篇　第一章社會運動史〉，《美濃鎮誌》（高雄：美濃鎮公所，1997）。以及洪馨蘭，〈批判、詮釋與再現：客家研究與美濃社會運動的對話〉，收於張維安、徐正光、羅烈師主編，《多元族群與客家：臺灣客家運動 20 年》（新竹：臺灣客家研究學會，2008），頁 183-203。另外有兩篇碩論亦值得參考：鍾怡婷，〈美濃反水庫運動與公共政策互動之研究〉（高雄：國立中山大學公共事務管理研究所碩士論文，2003）；詹蕙真，〈從社會運動到社區運動──美濃十年運動之路〉（高雄：樹德科技大學建築與古蹟維護研究所碩士論文，2003）。

為學術研究田野，是中研院友人推薦下走訪美濃，在當時已進入工業化時代的臺灣社會，美濃的時空彷彿凝結在農業時代，讓他感到驚異的是，一個大家庭有 40、50 人一起吃飯，就好像進入了紅樓夢的世界裡，因此他馬上決定以美濃做為研究地點。」[8]

身為典型的文化人類學研究者，孔邁隆第一次到美濃的調查就待了兩年。他以當時美濃鎮龍肚地區為主要調查地點，長期居住在今日獅山村鍾家的夥房屋中，在當時擔任村長的陳姓人家租用一個房間為辦公室進行研究，也在村中的首富劉姓人家中搭伙用餐。以當地人暱稱他為「孔仔」、「阿米仔」，且他能以流利的客家話發表演講來看，他在美濃當地的關係應該是很成功的，這也讓他之後願意不斷返回美濃，且深受當地人歡迎。

從另一個角度看，孔邁隆選擇到美濃做長期調查除了個人的機緣外，還有大時代的背景。1949 年中國共產黨統治中國之後，對外國學者相當排斥，被視為「帝國主義幫兇」的人類學者尤其如此。但在冷戰的氣氛下，西方對於中國的瞭解更為殷切，於是到臺灣進行研究的外國學者絡繹不絕，臺灣因此有了「中國文化研究的實驗室」的稱號。[9]

根據與孔邁隆亦師亦友的莫頓・弗里德（Morton H. Fried）在本書序言的說法：

> 到菸寮的一般訪客都會被它典型與非典型的綜合特性所震撼，而此特性使得菸寮獨一無二……當第一眼看見向山縮進的平原與壯闊的山戲劇性的會合時，就可以感覺出當地的美。第二印象則是豐富精緻的耕作田野，由各種作物——稻米、糖、香蕉、菸草與地瓜——形成的精巧小耕地，各自有其特別的綠意。

8　客家電視臺 2014 年 12 月 22 日星期一報導，《回望二十世紀的美濃》新書發表暨攝影展開幕。

9　參見 Shao-Hsing Chen（陳紹馨），"Taiwan as a Laboratory for the Study of Chinese Society and Culture"（〈中國社會文化研究的實驗室：臺灣〉），《中央研究院民族學研究所集刊》14（1966），頁 1-14。

　　在這樣的時代背景下來到臺灣，且有意進行中國社會文化研究的孔邁隆來說，或許也正是這樣的印象讓他選擇了美濃。那麼，孔邁隆來到美濃之後，對於這個文風早已鼎盛的小鎮來說，又有什麼影響，讓他可以成為「開庄 2 百多年來」的第一位榮譽鎮民呢？1997 年出版的《美濃鎮誌》或可看出一些端倪。

　　這本《鎮誌》共有兩巨冊，加起來有將近 1,500 頁，全書分成十二篇，共有六十七章，在經費拮据的情況下能夠完成，非常令人欽佩。正如當時的美濃鎮長鍾新財所言：

> 經誠懇商請月光山雜誌協助蒐集資料，更幸獲中央研究院民族學研究所所長徐正光博士首肯擔綱指導，親率本鄉鄉賢學者數十人，通力合作，辛苦奔波，埋首寫作，歷時兩年，終至有成。

　　這種由當地人自行撰寫，而不是透過招標由學者組成團隊的模式十分特殊。這本《鎮誌》含括了一般鄉鎮志的主要內容，例如歷史、自然、政事、教育等等，與孔邁隆有關，也特別有趣的是第七篇「宗教與民間禮俗」與第十篇「專案文稿」。其中第七篇的第二（婚禮與婦女）與第三（分家）兩章原作者是孔邁隆，但由當地人分別譯成中文納入。至於第十篇則明顯呈現美濃當地人認為當地的重要特色，包括社會運動、客家婦女、菸葉、社區報紙等。尤其值得重視的是第十篇的第二章：美濃學。以下是書中關於此一專題的介紹：

> 這個專題，我們暫且大膽假設為「美濃學」研究，相較於中國文學的「紅學」研究、社會學的「韋伯」研究、人類學的「大洋洲」土著研究，「美濃學」成為一宗學派，似乎稍嫌薄弱，且有些澎風，但期待以美濃為主體的學術研究，能夠繼續生根苗壯，是為初衷。

這段話雖然有些謙虛，但某種程度也是因為當時美濃的各類研究（包括人類學、社會學、歷史學、建築學等）已經相當蓬勃，當地人方會如此自我期許。而本章 5 篇被視為「美濃學」的著作中，孔邁隆的《家的合與分》名

列第一篇，可見在當地人心目中孔邁隆的重要性。後來許多有關美濃的研究，不論是建築、親屬、經濟、外籍配偶、新住民子女客語學習等，多少都會引用到孔邁隆的著作，或者受到他的影響，可見他在當地的研究多麼重要。很難說目前蓬勃的美濃研究是孔邁隆造成的，但他肯定是其中的重要環節。由他來建議「美濃客家還要往前看，才能讓美濃成為全球客家學重鎮，把客家學推向全世界」，絕對是最適當的人選。

《家的合與分》一書中的漢人家庭結構

孔邁隆在美濃的田野地點在龍肚地區，主要是目前獅山里的大崎下，因為當時當地很多家庭種植菸草，所以他在《家的合與分》一書的英文中稱此地為 Yenliao，中文本依其原意譯為「菸寮」。孔教授在該書的前言中說：

> 在我住進了菸寮之後，我才開始詢問探討本書中所提出的問題。當初選擇此地做為田野地點，只因為它是一個仍然相當傳統的華人農業社區，似乎適合做為這類華人社區生活的一般性研究。

推敲其中的意涵，他應該是先被美濃的農村景觀所吸引，認為在走向工業化的當時，臺灣仍能找到以農業為主要產業的鄉鎮，很適合進行「傳統華人社區」的研究。但住進大崎下之後，「我很快地發現所謂的『大』、『擴大』、『聯合』形式的家庭非常普遍，半數以上的村民家庭都屬於這種形式。」這個現象，應該才是孔邁隆花了兩年時間，停留在大崎下的主要原因。

早期很多文獻都指出，傳統中國社會有大家庭制度，像《紅樓夢》中的賈家便是一般耳熟能詳的例子，本書第八章中引用的宋史所描述的陳氏家庭也是許多人稱頌的例子：

> 陳崇的家經過幾個世代都沒有分家。唐朝皇帝僖宗頒褒揚令給他們……這個家中陳崇的兒子陳袞和袞的兒子昉，13 個世代住在一起；包含老的與小的，總共有 700 個人。他們沒有女僕或姨太太，而且也沒有爭吵。每一頓飯，他們聚在大餐廳裡一起用餐，大人小孩分

別用餐。這個家有 100 條以上的狗；一起在狗舍餵食，這些狗會等
到所有狗都到了才開始吃飯……

這種「歷史」目前看來有點像天方夜譚，但在許多華人的心目中，很可能
是值得追求的一種理想，尤其對於那些仕紳階層。於是早期普遍有一種想
法是，有錢有勢的仕紳階層傾向於大家庭，而一般老百姓只有小家庭。但
是，20 世紀之後，在西方引進的社會調查展開的情況下，發現在中國社會
中所謂的大家庭並不如想像地那麼普遍，尤其是受到西方小家庭觀念影響
之後，加上工業化、都市化等因素，小家庭的比例節節上升。所以在 1960
年代之後日漸工業化的臺灣，孔邁隆可能預期看到大家庭制度的崩解，但
在美濃卻看到完全相反的景象，《家的合與分》一書就是要解答這個謎團。

在大崎下的田野現場，孔邁隆發現有兩種不同的家庭可以長期維持「大
家庭」的型態：種植菸草的家庭，以及可以多樣化經營的家庭。由於美濃
的地理條件與氣候等因素適合種植菸草，所以日治時期就在官方的輔導下
種植菸草，不但菸田一度構成美濃的重要地景，燻烤菸葉的菸樓也成為美
濃的重要地標。二次世界大戰之後，國民黨政府繼續執行菸酒專賣制度，
所以獲利頗豐的菸草種植，讓美濃保持農業為主的產業型態到 1970 年代
末期。在孔邁隆的論證下，因為有官方的保證收購價格，所以農家只要獲
得許可，就不會放棄菸草的種植。但菸草種植從育苗、栽種、採收、到燻
烤，時間並不長，但需要密集的勞力。因此，擁有較大菸草種植許可的家
庭傾向於不分家，以獲取最大的經濟效益。

另外一種可以保持大家庭形式的是能夠多樣化經營的家庭。在孔邁隆
的資料中，這樣的家庭比種植菸草的大家庭數量較少，但通常都一樣富
有。這類家庭的一個特色是，男性大家長通常很善於經營，也會讓兒子往
不同方向發展，並利用家產做多方面的投資。因此，除了農業之外，這樣
的家也會有非農業的產業，大家庭的成員或許會分散各處，但在未分家的
情況下，仍維持大家庭的形式，而維繫的關鍵除了大家長的權威之外，家
中成員認為大家庭繼續下去最符合自己利益也是重要因素。

　　相對地，在孔邁隆的分析下，在菸寮不能維持大家庭形式者，如果以務農為主，家中種植菸草的農地就會比較少，或者也沒有農業以外的產業可供家人經營，因此家中沒有勞力相互支援的強烈需求，兒子成家後也就傾向於分家出去，家庭形式因此以小規模為主。由此可見，當解釋菸寮的家庭結構，尤其是家的大小規模時，在孔邁隆的分析架構裡，相較於大家庭的理想以及孝道的倫理觀念等，經濟因素扮演更重要的角色。而他拿臺灣、香港、中國大陸等地的資料來對比時，也是設法強化這樣的論點。

　　不過，孔邁隆也凸顯了漢人家庭制度的一個重要特點：多樣化的家庭發展策略。換言之，家中若有一個以上的兒子，往往會讓其中之一（大多是老大）繼承家業，但設法讓其他兒子往不同方向發展。例如家中若有足夠的田地與勞力，就會讓其中的某個兒子去讀書獲取文憑，然後擔任公教人員，讓另一個兒子去做生意，經商致富。多樣化的發展下，家族事業可以相互支援，取得更大的成功。這樣的多樣化發展，不但見於富裕的家庭，也是許多較貧困的家庭改善家庭經濟的重要方向。這種情形，不僅發生在菸寮，在華人社會裡也是顯著的現象。[10]

　　總之，漢人的家庭結構是《家的合與分》的探討重點，孔邁隆在本書中呈現了豐富的田野資料，也蒐集利用了不少家庭鬮分書、戶籍資料等，解開了他一開始到菸寮的問題：為什麼美濃沒有像傳統中國那樣的仕紳階層，但是為什麼大家庭會那麼多？除了父系的家庭制度之外，此外，他也發現了母系親屬關係的重要性，點出了敬外祖、阿婆肉等特殊的習俗。[11]不論是美濃的研究，還是漢人家庭制度的研究，在這本書出版 40 年後的今天，我們還是可以很肯定地說，這是一本歷久彌新、值得參考的著作。書中有許多細膩的觀察、分析與推論，其細節有賴讀者去一一發掘。

10　例如，林耀華著、宋和譯，《金翅：傳統中國家庭的社會化過程》（苗栗：桂冠圖書股份有限公司，2012）。

11　順著這樣的發現，洪馨蘭完成了清大的博士論文，也正式出版：洪馨蘭，《敬外祖：臺灣南部客家美濃之姻親關係與地方社會》（臺北：遠流出版事業股份有限公司，2015）。

孔邁隆與客家研究

1963 年孔邁隆到美濃做調查，兩年後回美國撰寫博士論文，1967 年取得哥倫比亞大學人類學的博士學位，最後成為哥倫比亞大學東亞研究所所長。綜觀他的研究成果，以美濃為研究基地的博士論文於 1976 年正式出版，無疑是他研究生涯發展的基石，所以他說「美濃是我學術的故鄉」一點也不為過。也因為在美濃的研究，使得孔邁隆與客家研究產生關連。

所謂的「客家」，有不同層面的意涵。首先，從語言的角度來看，「客家話」被視為「漢語」的一個支系，與粵語、吳語、贛語具有同等的位置。若從人群的角度看，「客家人」本意是指「說客家話的人」，但卻先後有「民系」與「族群」的概念來理解之，前者主要來自歷史學者的分類，強調「客家人」是「漢人」的一個支系，後者主要來自文化人類學者的用法，從英文 "ethnic group"（中譯「族群」或「族裔」）的概念來理解客家人。這當中涉及客家研究的不同時期發展。

一般所說的「客家人」指的是宋元之際，在贛南、閩西、粵東發展出說客家話的人以及他們的後代。[12] 這些人目前除了中國大陸之外，臺灣、東南亞也有大量分布，甚至非洲、美洲、大洋洲也都有他們的蹤跡。關於客家的源流以往的研究頗多，且大多來自於歷史學者之手，或許可以說，客家研究起源於歷史學，而且長期以來，無論是客家研究的學者還是研究理論

12　關於客家的淵源與形成，論者甚多。引述兩份大陸最近出版文獻，以供參考。福州師大歷史學者謝重光教授認為：「參與客家醞釀形成的成分既有南遷的漢人，也有本來就生活在贛、閩、粵交界地區的土著，還有從湖北、湖南的西部地區，即秦漢時的武陵郡遷來的『武陵蠻』……他們經過長期的接觸、交流，最後融合，各自的文化充分涵化，就形成了客家。」謝重光，《謝重光詩文選集》（北京：九州出版社，2016），頁 236。此外，劉善群根據已有語言學研究，歸納出這樣的看法：「客家話的孕育或說整合是從唐後期開始的，因為自唐後期開始，較多的中原漢人遷入三地區。客家話從古代中州漢語演變而來，卻基本在北宋時期就已中止變化而定格了。」劉善群，〈第一章客家民系在贛閩粵邊地的形成與發展〉，收於廖開順、劉善群、蔡登秋等著，《石壁客家述論》（鄭州：河南人民出版社，2012），頁 18。

與方法均多出自於歷史學科。這種情形主要發生在 1950 年代以前的中國大陸。當代客家研究的重要推手羅香林便是一個著名的例子，他的研究不但具有濃厚的歷史學色彩，也運用了田調方式蒐集資料，稱得上是爾後歷史人類學研究的先鋒。

1950 年代之後，由於歷史、政治等因素，大陸上的客家研究開始停滯，取而代之的是臺灣與香港等地，而且文化人類學的研究方法被廣泛運用，在美濃做研究的孔邁隆就是一個很好的例子。在一個地方「蹲點」，進行長期的田野調查是這類研究的特色之一，也是 1920 年代之後，文化人類學樹立的一個學術傳統。但是 1970 年代起，由於不再只是研究沒有文字的前資本主義社會，而開始探討有文字、有歷史紀錄的複雜社會，文化人類學不得不與歷史學研究對話。孔邁隆因為曾在美濃長期居住進行參與觀察，所以對當地的日常生活有細緻翔實的觀察與紀錄，但他也蒐羅了許多地契、分家書等資料，並與田野調查資料交互參照，使得《家的合與分》成為結合文化人類學與歷史學的一個絕佳案例，不但為臺灣的客家研究樹立一個典範，也為美濃後來的社會運動奠定深厚的基礎。

1960 年代，臺灣開始工業化，鄉村人口大量向都市地區移動，衍生了許多社會問題，對於以農業為主要生計的客家地區來說，是政府「重工輕農」的受害者，而在國語跟閩南語居於優勢的情況下，日漸流失的客家話也是許多客家人心中的痛。因此，除了前述的反水庫運動之外，美濃的客家人也參與了五二〇農民運動，以及還我母語運動。1987 年，蔣經國總統宣布臺灣正式解嚴，這既可視作是先前諸多社會運動的一個高峰，也是邁向 1990 年代更多「去中心化」運動的基礎條件。[13] 可以說，民主化與多元化是 1980 至 1990 年代臺灣社會的主要發展動力，而客家運動則是此時期社會運動的重要環節。

---

13 張茂桂，〈多元主義、多元文化論述在臺灣的形成與難題〉，收於《臺灣的未來》（臺北：華泰文化事業股份有限公司，2002），頁 223-273。

　　這樣的客家運動，基本上與當年臺灣社會四大族群的建構有關，而「族群」一詞，隨著早期人類學者不經意的使用，成為劃分臺灣人群的重要概念，也是政治力量集結與利益分配的重要基礎。[14] 但無論如何，因為有這樣的發展，使得客家研究在臺灣成為一種顯學。目前臺灣的大學中已經設立了 30 個以上的「客家研究」相關單位，其中包括 3 所學院級的「客家研究」機構（國立中央大學「客家學院」、國立交通大學「客家文化學院」、以及國立聯合大學「客家研究學院」）、10 來所系級的機構、以及 20 個以上的研究中心。即使不將研究中心的相關人員納入計算，臺灣方面光光是院級和系級的「客家研究」人員總數，就已經高達 115 人之多。[15] 這種情形，遠非客家原鄉的中國大陸所能及。若再就客家研究的議題來觀察，中國大陸的「客家研究」大多屬於廣義的人文學傳統，「偏重於客家的歷史源流特別是文化方面的研究」。[16] 臺灣的「客家研究」則不限於人文學傳統的歷史學議題，反而多半是屬於社會科學傳統的一些議題，包括「政治、政策、社會、經濟、產業、文化、科技、傳播、教育、健康等等」，[17] 比中國的「客家研究」在關懷範圍上要廣的多。

　　在《家的合與分》中，孔邁隆使用 "Hakka people"，或 "Hakka-speaking Chinese" 來稱呼「客家人」，而沒有使用 "ethnic group" 的概念。往前觀察孔邁隆 1968 年發表的一篇相關文章，對他如何看待客家會有更多的瞭解。這篇文章的標題是 "The Hakka or 'Guest People': Dialect as a Sociocultural Variable in Southeastern China"。[18] 文章內容主要來自廣東與廣西的文獻，

14　這方面討論，參見王甫昌，〈由若隱若現到大鳴大放：臺灣社會學中族群研究的崛起〉，收於謝國雄編，《群學爭鳴：臺灣社會學發展史，1945-2005》（臺北：群學出版有限公司，2008），頁 447-521。

15　張維安，〈臺灣客家研究近況與展望〉，《新竹文獻》36：11（2009 年）。

16　王賢淼、吳福文，〈海峽兩岸高校的客家學研究〉，《福州大學學報（哲學社會科學版）》3：12（2007 年）。

17　同上引文。

18　Myron L. Cohen, *Ethnohistory* 15: (3)(1968), pp. 237-292。（中譯本已收錄在《孔邁隆教授美濃與客家研究論集（下）：客家的法人經濟、宗教、語言與認同》，見徐雨村譯，〈客家人或「客人」：試論在中國東南將方言做為社會文化變項〉。）

指出莫里斯‧傅利曼（Maurice Freedman）認為當地人群組合以親族（父系宗族、單姓村是典型）與階級（如仕紳與平民之別）為主，[19] 但孔邁隆主張，方言也是另一個重要的人群組合原則，亦即同樣的方言可以使人們團結爭取共同的利益。雖然此文在引用他人著作時偶而會出現 "race"（種族）的字眼，但孔邁隆自己沒有使用種族或族群的概念，頂多稱客家是一個「方言群」（dialect group），對於客家是否為一個 "group"（群體）也有所保留。也就是說，他把客家視為一種方言，而方言的意義主要是社會文化的重要變項，這由文章的標題便可明白看出。

然而，孔邁隆也注意到所謂的「客家人」（更準確地說應是指「說客語的人」）在歷史過程中所產生的人群認同變化。由於客家人始終無法藉由在中華帝國的行政區劃中取得自身的地域認同，因此在歷史上「客家人」是用以指稱跨域流動、說客語的人群。然而，日本殖民臺灣後，透過戶籍登記制度將當時漢人內部的差異明確化，並營造了新的認同條件。因此，孔邁隆進一步指出客家族群認同中可分為主動和被動兩種層次。在清朝時不論臺灣或大陸的「客家人」，都是將「客家」視作由語言認同而來的給定身分，是一種被動的認同；而日本殖民臺灣後，族群身分成為一種官方的分類標準，強化了這種人群的界線，並隨著在當代客家認同摻雜了更多的實際考量後，「客家人」成為被積極認同的族群身分，並在教育、政治與媒體及其他社會領域都可見到客家人積極地培養族群認同意識。

他以近年在美濃的觀察指出，雖在工業化和現代化的席捲下，小家庭分立的美濃社會已不復 30 多年前的樣貌，卻有愈來愈多村民加入世界客屬總會。與此同時，地方的文化特質反而在全球化的脈絡下被凸顯，然而隨著愈來愈多客家人流入城市，在無法複製或挪用地域主義以及客語能力逐漸喪失下，孔邁隆認為美濃做為一個具備多種客家文化元素底蘊的地方，

19　主要是 Maurice Freedman 的這本書：*Lineage Organization in Southeastern China* (London: Athlone Press, 1958).

必須透過雙語主義並行之下，才能成為強化客家主動認同的契機。[20]

　　進一步觀察孔邁隆歷年的研究興趣與著作，除了在臺灣做過研究外，他還在河北、上海和四川等地進行實地考察，研究課題包括：中國大陸和臺灣的社會與文化變遷、中國家庭的組織結構、宗教信仰和經濟文化、以及中國帝制晚期的歷史人類學等。換言之，他關心的不只是美濃、不只是臺灣、也不只是客家，但他在美濃客家地區的研究，卻是臺灣的客家研究的重要基石，他在客家研究上的貢獻不容忽視！

20　Myron L. Cohen, "Configuring Hakka Identity and Ethnicity, as Seenin Meinong, Taiwan, 1963-2008"，收於莊英章、簡美玲編，《客家的形成與變遷》卷二（新竹：國立交通大學出版社，2010），頁 1003-1026。（中譯本已收錄在《孔邁隆教授美濃與客家研究論集（下）：客家的法人經濟、宗教、語言與認同》，見郭揚義譯，〈建構客家認同與客家族群身分，以 1963-2008 在臺灣美濃所見為例〉。）

目　次

圖　次

表　次

序　言

　　序言與導言有許多目的。有些序言太長干擾了正文的課題，抹殺了驚奇，而且如某人最近的批評一般，提供了「沒有必要的評論性綱要」。有些序言則是回饋長期的友誼，此文即屬後者。無論如何，讀者皆明瞭，序言的評論，作者往後的研究不一定要採用。相對的，作者應當放輕鬆並享受這些讚賞。如果因序言的一些觀察而有所啟發，當然越多越好；如果沒有，也無妨，因為我懷疑有多少讀者會由序言開始讀起。

　　我從 1964 年與陳少廷拜訪在「菸寮」的孔邁隆（Myron L. Cohen）那天開始談起。那是個明亮有藍天的日子，短暫的旅程最溫暖多采的記憶是友善的人們、富麗的風景與深入的對話。菸寮的人們，如果他們還記得的話，可能與我的記憶會有所不同。我們沒有在預定的時間到達，因此使熱情的款待落空。結束訪問後，少廷回去他臺南的家，而每個人都以為我將搭乘飛機由臺南飛回臺北。那班飛機失事，轟動整個社會，機上的人員全都罹難。村子裡的人都嚇壞了。但是，我沒有跟任何人說我改變了計畫，而是去了別的地方，因此避開了我的宿命。

　　到「孔邁隆的村莊」拜訪，在當時住在臺灣的外國學者中是非常受到重視的事。即使臺灣人以其友善與有禮而聞名，但孔邁隆是以其流利的語言而達成融洽的交往。似乎每個村人都知道這位來自哥倫比亞的年輕人類學家，正在從事令人欽佩的研究工作。然而，由於他是村人的朋友與知己，孔邁隆不允許突然的造訪，以便保護主人的隱私。

　　到菸寮的一般訪客都會被它典型與非典型的綜合特性所震撼，而此特性使得菸寮獨一無二，也是民族學研究最棒的地方，讓研究者能達成拓展理論的目標。當第一眼看見向山縮進的平原與壯闊的山戲劇性的會合時，就可以感覺出當地的美。第二印象則是豐富精緻的耕作田野，由各種作物——稻米、糖、香蕉、菸草與地瓜——形成的精巧小耕地，各自有其特別的綠意。當地的建築也很突出，由相當傳統的小鎮（此鎮是通向當地的門

戶）形式，到此區最特別的形式：燻菸草的菸樓建築。菸草也是這裡累積財富的重要資源，它影響了當地的社會結構，以及家庭生活與家庭事業的形式，誠如孔邁隆所指出，菸業與大家庭有非常大的關連。

我想這是很公平的說法：孔邁隆是新一代對中國文化與社會專精的社會人類學家，而他的專精乃奠基於超強的中文能力──他不僅能說流利的國語與客家話，還能閱讀中文。孔邁隆這一代念研究所時，在課堂上以及當時的文獻上都說，中國社會最主要的家庭組織形式是小家庭。這與早期的刻板印象相對，早期的印象認為中國家庭通常是大家庭形式。孔邁隆在課堂上也被教導，認為大家庭形式與中國仕紳有關。可以想見當孔邁隆發現菸寮有驚人頻率的大家庭時是多麼訝異，發現越多越難解釋它是舊「仕紳」的殘留。本書的核心有孔邁隆對此現象的探究與解釋。在他分析的過程中，我們看到這樣的家庭如何組成，新的家庭如何形成、如何維持、如何成長、以及如何式微，最後分開成為獨立的小單位。這樣的分析既不是常態式的表達，也不是小說式的推斷與綜合，而是針對現存家庭的實際情形、以及合法的真正歷史紀錄的分析。從頭到尾，孔邁隆一心要傳達對相關的整個社會過程的理解，因為在孔邁隆民族學家警覺之眼外，他更關心社會理論中的主要問題。孔邁隆開始寫這本書時已到中國大陸旅行，因此很能理解多樣的政治經濟潮流，其速度與方向的交替轉變，是生活的人們必須去適應的變遷狀況。家庭結構是其中一個能掌握這種適應的主要方法之一。

即使今日已把焦點轉到中國大陸的事件上，孔邁隆的研究仍有一些令人欣喜的推理。其中最重要的是，增加已很豐富的文獻資料，因此讓即使只會英文的我們，也能相當地滲入到整個中華文化的一部分，雖然好像有點矛盾，它彰顯了一些獨特要素但仍然能展現某些基本重要的特性。更精確一點來說，因為在臺灣被用來描述與分析的某些特殊現象，明顯地與中國大陸不同──諸如：宗教組織與信仰、社區組織、經濟結構、性別關係以及家庭組織等──對這些現象的紀錄與分析，能夠吸引那些不是以中國為主要研究興趣的社會科學家。

　　這本書對現在正試圖瞭解社會文化過程的人是很有價值的，對那些即將進入社會科學研究的人而言，也是一大寶庫，而且它達成了社會科學中一個最重要（但最不受重視）的任務。當後繼的學者試圖由理解我們的研究來瞭解他們自己的時代時，他們會發現因為有我們這樣的成果，才能讓他們的工作變得更容易。跟我們一樣，他們若能留意一首中國古老隱晦的勸世歌，將會更有智慧：

蒼田青山無限好，

前人耕耘後人收；

寄語後人且莫喜，

更有後人樂逍遙！

(Mountains green, lovely vales, a prospect fair to see;

Fields which now the fathers hold, their children's soon will be. Let them

not with smugness be too elate in mind,

They too have their posterity, who follow close behind.)

Morton H. Fried　莫頓・弗里德

1975 年 10 月

前　言

　　在我住進了菸寮之後，我才開始詢問探討本書中所提出的問題。菸寮位於南臺灣，我選它做為田野地點，只因為它是一個仍然相當傳統的華人農業社區，似乎適合做為這類華人社區生活的一般性研究。但是菸寮卻不同於我先前對傳統華人定居地的印象；我很快地發現所謂的「大」、「擴大」、「聯合」形式的家庭非常普遍，半數以上的村民家庭都屬於這種形式。就某種意義來說，在 1960 年代的臺灣，菸寮比我想像的還保守。學者們大都看到大家庭系統的崩潰，是 20 世紀中國西化與工業化初期的一個重要結果。但是所有的報告，包括在中國村落做研究的人類學家所提供的資料，都承認即使在現代化之前「大」家庭並不是普遍的現象，因此就另一層意義來說，菸寮也與傳統模式有別。對菸寮的家庭形式我毫無預期，他們的存在是一個謎，在田野中我花了很多時間試圖解出這個謎團。我在本書中的結論是，菸寮大家庭的發展乃是在華人社會脈絡中，與家庭組織諸相關要素的特殊結合表現。

　　第一、二、三章提供關於菸寮家庭組織的必要背景。為了要描述傳統家庭生活的安排繼續在村中興旺的背景，我必須在前兩章中說明，當地社區組織的傳統模式如何持續，以及如何在整個美濃鎮，也就是菸寮所在的城鎮中繼續發展。第三章介紹中國家庭組織的原則；因此描述中國不同地區的家庭生活，同時也包括我的田野資料在內。

　　菸寮的家庭是本書的主角。我很幸運是在「大」家庭相當普遍的村落中作田野，因此我可以詳細觀察在這樣的家庭框架中，他們的社會與經濟生活；可以從典型模式中區分出其特有的要素；我也可以比較「大」與「小」的家庭組織（關於菸寮一些發現的初期報告，參見 Cohen 1967, 1968, 1969a）。

　　在這樣的歷史情境下，我無法有自信的說，我的發現可以讓其他人類學家在其未來的田野研究中被證實與擴充。如果中華人民共和國社會的轉變完全按照政府領導人期待的話，在中國大陸「大」家庭不再是可實現的形

式。即使在香港，包含仍然大都是農村的新界，工業化與都市化妨礙了傳統「大」家庭的維持。臺灣正快速的工業化；到目前為止，對農村主要的影響是人們被吸引到都市去，似乎可以說，持續的工業化會將工廠帶到鄉村，也因此而帶來新的社會與經濟模式。雖然在新的政治力量內在外在雙重影響下，有可能整個臺灣的生活會迅速改變，我仍然期望未來有更多關於傳統中國家庭系統的研究。這樣的研究記錄了一種注定要絕跡的生活方式，同時也可加深，如果我們想要瞭解現代社會改變的範圍與方向時，必須擁有的基礎。

雖然我必須為我所收集的資料以及對它的詮釋負完全責任，但我仍要感謝許多人與機構在我整個研究與撰寫過程中給予我的協助。社會科學研究會資助我在菸寮的田野調查以及在臺北的語言訓練與文獻研究。我最後幾個月的田野調查經費，是哥倫比亞大學東亞研究所給予的當代中國研究獎助金。之後的資料分析與撰寫是由國家科學基金（計畫 GS-799）以及另外兩個東亞研究機構的資助。許多在臺灣的朋友們，讓我有愉快與有價值的經驗，我特別要感謝菸寮的居民以及許多其他美濃人，他們對我的提問以幽默與理解回應。林 G.C. 先生中斷臺北的工作，陪我到他的故鄉美濃，在我選擇田野地點時給予介紹、指點與租屋協助。在菸寮，我很幸運有鍾先生（Mr. R. Chung）與林先生（Mr. H. J. Lin）的幫助與啟發；他們讓我的研究工作更有價值且更有趣。在美國，我要謝謝 Abraham Shen 先生在我做資料整理與分析時給予的協助。同時我要謝謝既是老師又是同事與朋友的 Morton H. Fried 教授，謝謝他在田野之前與田野期間的幫助與鼓勵，以及對我幾份手稿的閱讀評論。最後，我要謝謝 Ernest Bueding、Elloit Skinner 與 Marietta Voge 幾位教授，協助我對本書的命名。

我用威妥瑪拼音（Wade-Giles）系統記錄漢語的羅馬化拼音，而用 Rey 系統〔如同 Man（滿思謙）等 1958 年編的《英客字典》一樣〕記錄客家話的拼音，但是去掉兩個系統中的音調記號。客家話我用斜體加引號表明；除非特別說明，斜體字沒有引號的是漢語。為了方便與中國社會的其他研究做比較，對於兩個語言都普遍使用的字詞（words）、人名、以及主要出現

在書寫形式的名詞（terms），我一般都使用漢語發音來記錄；在口語的漢語中沒有的客家話，才根據它的實際發音記錄下來。中國的省與熟知的城市則使用郵局常用的拼音。我把菸寮居民的個人姓名都改變了，菸寮本身也是一個假地名；但是除菸寮之外美濃鎮或是美濃鎮外的地名都是真名。

我的田野工作自 1964 年 2 月至 1965 年 6 月，我所描述的事件除非特別提及都是發生在這段期間。經由通信以及 1966 年 6 月與 1967 年 6 月的短暫再訪，我得到更多的資訊。1971 年 8 月至 1972 年 7 月我又回到美濃作田野，當時是作另一組問題的研究，我住在美濃時，常常再訪菸寮。除了少部分的資訊外，我並沒有把新近由美濃獲得的資料放入本書中。

臺灣的貨幣是新臺幣（NT$）。當我在菸寮作田野時，匯率是 40 元新臺幣換 1 美元；在自由市場中新臺幣的價值是波動的，不過與官方的匯率相差不多。

「家」的國語發音是 "chia"。這個字詞會常常出現在文章中，讀者可能會碰到另一個字，有相同的音譯拼法，也是 "chia"，它是臺灣傳統的土地丈量單位「甲」（等於 2.40 英畝或 0.97 公頃）；當然，這兩個字在中文中的寫法不同。

孔邁隆

1975 年 10 月

第一章　導論

　　菸寮（Yen-liao）是臺灣西南部以農業為主的美濃鎮中的一個小村莊，鎮中還包含幾個大村莊、一個城鎮以及許多散居的合院或單獨的家屋。[1] 美濃鎮屬於高雄縣的轄區，西邊是旗山鎮，北邊與東邊分別是農業鄉的杉林與六龜；南邊以荖濃溪為界與屏東縣的農業鄉里港為鄰。全鎮有 120 平方公里，是屏東平原東北延伸的地區；此由屏東縣延伸過來的平坦地區，與東北至西南的山脈為界，形成一個楔形，適合水稻的種植。美濃鎮的轄區擴及至某些山區，亦即在平原北邊的一些丘陵地。

　　美濃鎮大部分的居民是客家人，而相鄰地區的居民則是以說閩南話為主；雖然彼此的話無法溝通，但兩者都屬於漢語系統。根據 1956 年臺灣的人口調查，美濃鎮總人口是 42,736 人，其中 41,496 人是臺灣出生的客家人，占全部人口的 97%。[2] 到

圖 1　臺灣

1　譯註：高雄縣已經與高雄市合併，故美濃鎮現名為高雄市美濃區。至於 Yen-liao 應在目前美濃區的龍肚大崎下，除了「菸寮」外，亦有將之譯為「燕寮」者。

2　資料來自陳紹馨（Chen）與莫頓・弗里德（Fried, 1968: 768）。他們的數字代表 25% 的案例，我將之乘以 4。1965 年的統計數字在臺灣人口的細目中沒有包含將近 600,000 名的軍人。

1964 年 10 月底，根據官方家戶登記資料，美濃鎮人口到達 52,222 人。

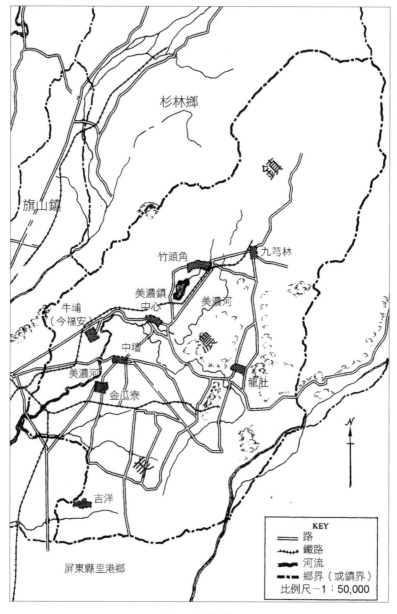

圖 2　美濃鎮

歷史背景

中日戰爭之後，1895 年當日本人佔領臺灣時，他們認為統治的是一群延續中國大陸傳統生活的人們（「原住民」屬於少數）。整個日據時期，雖然日本政府引進不少現代科技與教育，但在許多方面，傳統仍扮演重要的角色。1945 年日本投降以後，臺灣由中國國民黨統治，對國民黨而言，臺灣是 1949-50 年中共統治中國大陸後的避難所。在國民黨的統治下，臺灣的現代化與工業化加速發展，但是社會，特別是在農業區域，仍然由傳統支配。

客家人移墾美濃始於 1736 年，此數字意味著在漢人移居臺灣的歷史中，他們是較晚到達的一群人。12 世紀初，一些漢人由中國大陸沿海地區，特別是福建省，移居到臺灣，開始了一個將原住民漸漸由平地趕到難以接近山區的過程。說不同「南方福建」（閩南或福建）方言的人形成臺灣漢人移民的大多數；而說客家話的人，則是在 17 世紀由廣東省北方（特別是梅縣與蕉嶺縣）移居臺灣之後，成為重要少數。

儘管有漢人移居臺灣，但中國政府不像其他歐洲國家，在 17 世紀以前對臺灣沒有多大興趣。1590 年葡萄牙人來到臺灣島，他們是最早來的歐洲人，只停留了短暫的時間，但因為他們，臺灣島因此以「福爾摩沙」聞名於西方。1624 年荷蘭人在臺灣西南建立殖民地，兩年後西班牙在臺灣北端殖民。當這兩個歐洲勢力在臺灣爭奪時，到臺灣的漢人移民不斷地增加；西班牙人被趕走後，在荷蘭人統治的 20 年間（1642-1661），漢人移民的比例更高。當 1644 年滿清在中國大陸取代明朝時，由於明清戰爭非常激烈，延伸到大陸南方地區，而沿海區域更飽受海盜侵襲之苦，臺灣就像避難所一般，吸引更多的漢人來移民。1662 年忠於明朝的軍事領袖鄭成功（國姓爺）和他的支持者來到臺灣，靠著早期移民的協助，鄭成功打敗荷蘭人建立政府，直到鄭的孫兒在 1683 年歸降清政府為止。這是第一次臺灣納入中國帝國之中。[3]

3　要瞭解臺灣早期的歷史，參見謝覺民（Hsieh, 1964）。

在超過兩個世紀的清朝統治期間，新移民穩定地到來，加上人口的自然成長，臺灣的漢人人口不斷增加。不同地域團體的械鬥以及反清事件的頻繁發生，為此時期的特色。無論如何，這段期間島上的非山地區域皆轉變為漢人的社會。在密集農業的基礎上，發展出商業的中心，同樣地，行政體系也經由劃出新的鄉鎮與村落而擴張。[4]

在臺灣西南部，閩南人很早就佔據了近海的肥沃土地，大批客家移民則是在 1688 年以後，也就是在清朝統治臺灣後沒多久（鍾壬壽，1970）。客家移民在下淡水河（現在的高屏溪）右岸建立幾個據點，向西他們常與閩南移民鬥爭；而向東則與居住在南北向中央山脈山上或山腳下的原住民敵對。大約 50 年間，客家人漸漸向北擴張，在河流與山脈間的新平地上開墾（鍾壬壽，1970），到 1736 年，美濃地區成為客家居住地拓展的最北界線。

清代，美濃地區隸屬鳳山縣（包括現在的高雄與屏東兩縣）的管轄範圍。鳳山縣政府幾乎無法防止客家與閩南移民的械鬥；與閩南移民械鬥有時動員了整個美濃地區的男子，偶而更動員了整個南臺灣客家村落的男丁。客家與閩南移民衝突擴大是在客家人由大陸來臺的第二個十年，主要是在爭奪土地、灌溉水源與使用市場設備等；為了持續的戰鬥，客家人建立了一個軍事組織，就是聞名的六堆（六隊），這個組織在清代一直很活躍（關於六堆的詳情參見鍾壬壽，1970；Pasternak, 1972: 142ff）。

美濃的各個村落，屬於右堆，是整個軍事組織的最北邊；而南邊則是現今的屏東縣，有 5 個單位，分別為先鋒堆、前堆、中堆、後堆與左堆。福建人的聚落將右堆的美濃與其他南邊的客家聚落分開，某些地方僅隔開一點點；但是其他 5 個單位形成一個很堅實的客家領域，中間只有一些小地方住有閩南居民。六堆除了軍事的功能外，也提供了南臺灣客家人社區組織的框架。美濃的各個村落深深捲入六堆的活動中；但是就日常社會生活而言，因為被閩南村落包圍，屬於右堆的美濃比任何一個南邊的單位可能更自給自足。舉例來說，其他 5 個南邊的單位，可能就不像美濃一樣有

4　見陳紹馨（1964）關於清代臺灣漢人人口與社會政治擴張的一般論述。

內婚的現象。因為美濃相當孤立於南邊客家居住區域之外，流行的方言稱這兩區為「上庄」與「下庄」。

1895 年日本殖民統治開始，政府組織在美濃設立，強迫居民和平相處；此狀況一直持續到中國國民黨統治。雖然幾十年來都沒有武裝衝突，但是 1895 年以前的情況使得美濃人在與外人接觸時，仍然表現出強烈的團結意識。

社區組織

就某個大範圍來說，美濃的社區生活仍然依照傳統大陸農村的方式。中國地方社區的特徵是：有層級的區域單位；最低層級的社區單位是小村落或一個大村莊或鎮的周邊；村莊，有時與周邊的一些小村落，形成第二層的社區組織；幾個村莊——與這些村莊的市集鎮（見 Skinner, 1964-65）——形成一個最大的「面對面」農民社區。幾個複合村莊的農民社區可形成一個更大的地方單位，其社會與經濟生活圍繞著一個大的市鎮，但是這個「地方組織的層級」主要是就當地菁英或「仕紳」的活動層面而言。[5]

在日治以前，六堆組織的每一堆是由好幾個村落組成的一個鄉社區，而南臺灣客家社區組織的最高單位便是六堆組織。內埔，現在屏東縣的一個鄉，是當時六堆組織的軍事總部，而且是南臺灣客家菁英的中心；整個南臺灣的客家移民，在內埔建立與資助廟宇與學校，客家菁英經常在此出入並管理它們。當 1895 年日本政府統治臺灣時，日本政府解散了六堆軍事組織，政府組織深入每一階層，因此降低了內埔做為客家地區中心的重要性；目前，南臺灣客家社區的體育競賽以及客家學生的獎學基金是六堆組織的僅存殘留。

---

[5] 孔飛力（Philip A. Kuhn, 1970: 64）以「地方組織的層級」來描述清代中國社區生活的面向（也見 Cohen, 1970b）。

　　1895 年以前是六堆右翼的美濃居民，彼此之間仍保持著社區關係。這個大美濃社區包括傳統結盟的居民，遠超出現在美濃鎮西邊與東邊的界線，而此界線最早是由日本政府規劃的一個行政單位。在美濃鎮之下有中階的社區組織，每一個中階單位包含幾個村落和一些小村莊。菸寮是此社區組織最低的一層，它是龍肚（Lung-tu）社區的一部分，與其他幾個小村莊以及龍肚本身的 3 個鄰近區域合為龍肚社區；而龍肚是美濃鎮 9 個分區中的一區。這 9 個區域在客家移民最初十年即已形成；往後每一區的人口不斷增加，小村落的數目也增多，菸寮即是其中之一。

　　整個龍肚社區的範圍稍稍超過 3 個里，這 3 個里在 1964 年 10 月底時總人口有 9,435 人（官方根據家戶登記資料所做的月報）。3 個里是政府在鎮之下劃分的行政單位，但與龍肚社區下的村落並不相吻合；事實上社區的界線以及社區生活中心的機構在日本人來之前就已形成。龍肚的 3 個廟是龍肚宗教慶典以及世俗活動的中心，因此而成為一個社區。

　　龍肚社區的居民之間有面對面的熟稔，不像現在整個美濃社區有超過 50,000 人的人口，是從前的好幾倍。清朝時，整個美濃社區有這樣的熟悉度，當時的人口不超過 10,000 人。然而即使今天，在美濃鎮之下的幾個分區，一些有較高社會地位的人仍有其親密的社交群體，而這些人便成為整個美濃社區的地方領導階層。就人口增加而言，在大美濃地區有很強的內婚傾向，此意味著，大部分的美濃人即使沒有直接的互相認識，也可以很容易的在或多或少的親屬聯繫上牽連彼此的社會關係。

　　美濃領導階層的活動，集中在美濃鎮，美濃鎮是整個美濃的社區生活中心，也是美濃鎮下自己分區的中心。像其他分區一樣，美濃鎮每年也祭拜它自己的守護土地神〔伯公（*pac-koung*）〕，而且也有鎮自身社區的祭拜宴。然而，美濃鎮還有另外一個土地公廟是屬於所有美濃人的。鎮上「二月慶典」的贊助者，每年農曆二月會祭拜這個土地公；有傳統戲劇表演，大部分鎮上居民會開流水席招待由其他分區來的親戚與朋友。因此「二月慶典」帶動大美濃社區中居民間的活絡，也戲劇性地表達了美濃鎮在整個大社區的中心地位。

　　美濃大社區的其他宗教活動也聚焦於美濃鎮，美濃鎮一直是大社區世俗生活的中心。1895 年以前，六堆右翼的總部在美濃鎮，它是與其他組織討論大美濃社區相關事務會議的地點。現在與美濃鎮相關的政府機構皆設在美濃鎮上，包括鎮公所、美濃警察局；而與市場及信貸有關的機構如農會也設在鎮上，同樣地大部分美濃地區的貨物與服務的商家也都在美濃鎮上。

　　傳統漢人社區的穩定性是靠習俗與規約來維持。在美濃，現代的發展並沒有提供相對於傳統模式的替代品。一個人有一串身分，他是美濃社區也是他本身分區的成員，最重要的，他是「美濃人」（*Mi-nung-ngin*）。「美濃人」意指經由嚴守習俗，包括婚姻、居住、家庭組織、財產與繼承權、以及生活的許多其他層面等等的習俗，而依附於美濃社會中。接受管控的習俗確認了身分的其他層面，就像契約的一方一樣很可靠。「美濃人」不是只有牽涉到契約的身分，而是生活在美濃社區中才是最重要的。舉例來說，與各個不同親屬身分的聯繫，是親屬間習慣的義務，如喪禮的親戚，而親屬可能還負有更多的責任。

　　經濟活動中契約的形式有很大的變異，許多契約對家庭農場的管理非常重要，而家庭農場是農業的基本單位。在土地買賣、借入與借出、勞力雇用、勞力交換、婚姻以及收養等活動上，皆牽涉到涉及雙方的契約。為了特殊的目的，經由契約式的協定也可形成較大的團體。對地區經濟生活非常重要的是「標會組織」（credit association）與相互合作的農事團體，前者的成員集中資金輪流借用，後者是參與的家庭輪流到各個農場中工作。稍後（第七章）我們會仔細檢驗一種特殊的契約形式，它是兄弟之間或父親與兒子之間家庭分割的協定。契約式的協定不一定都要寫出來，但是如果契約的內容太複雜而且風險太大，通常會有書寫的文件。

　　如同過去，契約的保障不是只靠政府的法庭或法律強化的機構。美濃社區最有效的制裁仍是「排斥」：不遵守契約，會威脅到一個人未來參與對其個人或家庭安全皆極為重要的契約與社區活動。因此，當美濃每一階層的社區生活，許多方面皆由習俗主宰時，也有一個同樣重要且貫穿的契約關係網絡存在於每一階層中（關於中國社會契約的一般性討論參見 Cohen, 1969b）。

臺灣的傳統與現代化

在日本殖民統治 50 年後以及中國國民黨統治期間，臺灣的農業社會仍是相當傳統。然而工業已被認定漸漸重要而且主宰了臺灣全島的經濟；同時，工業技術也深入農業，而且目前農業大多已商業化。鄉村在面臨巨大的技術改變時，仍殘存著傳統的社會，其背後的因素至少該簡短地思考，因為我們必須知道為什麼在現代臺灣仍可作傳統漢人社會的研究？但是在轉向談日本政府與國民黨的影響之前，我必須先指明日人統治之前的相關面向。

「流動的」階層系統是清朝時期漢人社會的重要特徵，除了少數的例外，社會與經濟的組合不是根據世襲的階層或身分群體。世襲的歧視是對所謂的「賤民」，他們的職業令人「鄙視」，不能自由的參加科舉；也有一些貴族，部分是世襲的，包括皇室在內。這兩群人只是少數。大部分的人是因自己的成功或失敗獲得社會經濟地位，當然他們的出生家庭與地區的特殊經濟背景也有關連。這包括了鄉紳、商人與地主階層，以及菁英所組成擁有地位與高階的官僚（見 Cohen, 1970b; Elvin, 1970; Ho 何炳棣，1962）。但是世襲身分不會是一個人地位下降的屏障，也沒有什麼可防止他跌的更深；一個家能夠把家業處理得很好才是對抗災難的最大保證。

這種流動的社會結構有幾個重要的制度支撐著。在沒有「封地」留置權的情況下，土地與其他財產可以完全地買、賣與租。地方與全國的權力與威望，皆是根據財富（特別指擁有許多土地）、科舉上的表現程度以及在政府中的官位來排定。有時候財富可以買到科舉的名位與政府的官位；特別是在清政府初期與晚期政府需要資金時（Chang, 1955）。社會與經濟的向上移動與更貼近菁英的生活形態（即大家熟知的禮，「儀禮」、「禮節」）有關，整個中國皆有類似的結構。藉著向上的移動，他的影響與利益區域，以及他的接觸範圍，將轉為擁有更大的土地單位，與更高的階層與官位，可以說是成為整個國家互動群體的一員（Cohen, 1970b; Skinner, 1964-65: Part 1）。

　　漢人社會結構的要素由農業組織中可以看出。其中最重要的單位是家；不論是租的或是自己擁有的土地，皆是在家的管理下，以家庭農場的方式來耕種。但是這並不表示家是個完全自給自足的生產單位。首先，這樣的情況是因為農業的本質使然。舉例來說，中國農業的特色是有農忙期與農閒期；農忙時要保有足夠的勞動力，就會導致農閒時家中多餘的人力資源（見Buck, 1937: 289-319）。作物週期的變異以及田地位置、氣候變化、灌溉系統等因素，都會影響農忙期與農閒期的波動；而受到家所能控制的土地大小與家庭勞力的多寡之間經常的變異，家庭與農場的關係也就形形色色。

　　儘管如此，農村勞力是經由家的管理來從事不同的耕作。家庭勞力可直接投入自家的農場，或是被雇用或是經由家庭間的合作而支援外面；家也是作物選擇與處置等等相關事務的決定場所。如果家有多餘的勞力，家也會試圖找一些外面的工作來給家庭成員做，或是另外開發新的家庭企業。就像家不是農場勞力的唯一來源，農場也不必然是家庭勞力的唯一中心。

　　在傳統的中國，包括臺灣，當地社區與社會生活的規範，提供了一個家興盛或衰敗的直接背景。家庭成員的權利與義務很少直接受到政府的強制，但是一般而言，受到社會經濟關係結構所衍生的規範來維護，而且當地人也可能被叫來調解爭端，必要時會給予處罰。當地社區也對家庭單位的財產權，以及因不同目的與時間長度而連結家的協議，提供了保護。

　　在臺灣，就像在大陸，由清政府的角度看，農事組織中鄉民家庭的角色，意味著在許多層面上農業是自我規範的。重要的灌溉工程或土地的開墾需要有很大的主動精神。這樣的工作可能由地方團體或由政府來進行，但官府在這樣的農業基礎工程上只有輔助性，主要工作還是得由民間來執行。政府的存在也包括由農業生產中徵稅，同時也扮演著最後的求助對象（有時並不怎麼成功），以便保護契約以及由家庭農場中取得租金之類的財產權。

　　1895 年日本政府來到臺灣後，開始了征服者與被征服者間共同適應的過程，而其特徵便是整個日據時期皆在政府的規章之下。雖然因日本政府

引進工業技術而使許多臺灣生活層面有所改變，但是整個島並沒有大幅度的工業化。的確，日本政府並沒有認真考慮把臺灣當成一個工業區域：

> 在製造商品上，當日本本身的經濟邁向自給自足時，臺灣的經濟變遷被設計為與日本互補的方向發展。整個島的生產漸漸被形塑為每年對日本提供農產品與半成品的食物以及相關的商品。（Barclay, 1954: 42）

整個島的和平與安全是日本政府唯一最重要的社會政治革新；然而新統治者的目的是為了能控制農村社會（rural society）而不是要改造它，因為日本政府發現這樣的改革對他們有利：

> 因為（農村社會）最能讓（日本政府）掌控農業人口與農事活動。在某些層面上，這是可以用來進行必要控制的現成工具，較不會擾動慣習事物。（Barclay, 1954: 52）

事實上傳統社會讓日本政府「最方便於管理」（best access to regulation），完全是因為日本政府的目的是為了能在家庭經營的農場組織中增加農業的商業化；雖然一些大型農場是由日本公司建立的，但這樣的農場系統並沒有加諸在鄉民人口上，也沒有發生像那種讓爪哇（Java）癱瘓的「農業內捲」（agricultural involution）（見 Geertz, 1963）。

我已經指出家庭農場經營的背景是，一個家的經濟命運因其成員的管理情況而定，幾乎沒有世襲的關連。日本政府來了以後引進了類似階級的柵欄，雖然它的確切斷了許多新的機會，但是並沒有改變臺灣人的社會結構。然而臺灣人自己的傳統可能讓他們更容易採用日本政府引進的革新，相對的日本政府更願意讓農村社會保持原樣。當中國國民黨統治後，對臺灣農地的高產量印象深刻。而在國民黨與大陸切斷關係後，臺灣農業戰略上的重要性更為明顯。因此，當國民黨從事工業化臺灣之時，仍然維持日本人的政策鼓勵農耕機械現代化，而在土地管理方面基本上仍保留原樣。1949 至 1953 年國民黨政府推動減租與土地改革政策，大量消滅了租佃與地主階層，然而增加了小規模家庭農場的重要性。

因此當代臺灣農業反映了一個過程，讓工業技術的改變調適到先前已存在的生產組織中。儘管有許多的改善與革新，農耕仍然是小規模與精耕細作的。根據 1955 年臺灣使用農業裝備的調查，160 件工具中只有 6 件是靠電動動力，而其中 3 件與家庭農場的操作有關：動力噴灑器（用於灑殺蟲劑）、離心泵浦、動力耕耘機（Ma, et al., 1958: 14, 327-33）。到目前為止我的觀察，1965 年（或 1972 年）的情況與上述的調查沒有什麼大差別。

最重要的技術革新是動力耕耘機，而這個裝備正好融入舊的農耕模式中。它是牽引推力的來源，其功能剛好與快速被取代的水牛相當；耕耘機前可加犁，或加一個兩輪或四輪的車成為交通工具，也可加其他的附件當作泵浦用。早先運用到已存在系統中的例子應該是打穀機，是由日本人引介來的（Ma, et al., 1958: 174）。操作者將一把新收成的稻稈放在機器的圓桶上；同時踩腳踏板讓圓桶旋轉，圓桶上有金屬凸出物將稻穀打下來。這種用踏板操作的設備幾乎完全取代舊的裝置，舊者只有簡單的處理包括一個木盆，一個像梯子的木框蓋著簾幔（同上引：173）。一個人拿著一把稻稈在框上用力打，於是稻穀便被打下掉入下面的木盆裡。

新的設備就需要的人力，以及由稻稈上打下稻穀的比例來看，比舊的更有效。然而，新的裝置與被取代者一樣完全嵌入到收成操作系統中；它是由用鐮刀手割稻子的同一夥人帶到田裡與操作。（到 1972 年許多打穀機乃由動力操作。）

農業雖然在某些面已機械化，但在耕作的所有階段，密集的人力仍是其特徵：犁田、插秧、除草與收成仍屬小規模與勞力密集的形式。動力牽引機耕作只有在臺灣的某些地區，由政府經營的公司（由日本私人公司接收來的）才有，主要用在種植製糖用甘蔗及鳳梨的單一作物上。某些農業革新的確導向勞動密集特性的提高。灌溉系統的改善與新品種的引介，多次收穫與間作增加了大量勞力的需求，同樣的，亦出現新做法譬如噴灑殺蟲劑。但是新的配備與技術增加了成本，廢耕與賣土地也增加了，因此農業比起從前更加商業化了（見 Shen, 1964）。

　　當日本政府統治臺灣時，他們接管了管理系統而且大大增加了效率。當然在改善交通設施與經濟發展的影響下，市場體系也產生重大的轉變。然而日本政府讓地方社區仍保留原樣；他們仍是家庭式經營農業的框架；而在中國國民黨統治下，地方社區仍繼續蓬勃發展。這些地方社區讓技術革新、經濟發展、學校系統的擴張、土地改革以及其他新的「輸入」得以落實，所以許多對於這些革新引起的社會反應仍是傳統的。閱讀以後的篇章時，要將此狀況謹記在心。很明顯的，我希望這可能是另一個角度來研究臺灣的現代化，因為關於傳統中國社會的現象，這個島仍然可以教我們許多。

第二章　村落

菸寮，居民有 705 人（1965 年 5 月 31 日），屬於美濃鎮龍肚村的一部分。菸寮有非常親密的日常互動，各種不同形式的合作侷限於菸寮的家庭之間，加上對自己土地公的共同宗教活動，使得菸寮與其鄰近村落有所區別；菸寮的土地公廟守護在村落北邊的路底。從北邊到南邊，村中道路一開始由略高的坡地下降，之後分叉成兩條路，然後再合併成一條路。從斜坡上開始，建築物分布在路的兩邊，水稻田則將兩條路旁的住家區隔開來。在一堆建築物之後，兩條路合併之後有田，是菸寮與隔壁村落的界線。在菸寮也有一些住家菸寮分布在西邊的小山與路之間。

住家

大部分的菸寮居民皆可追溯到 19 世紀遷入此村的祖先。之後的人口成長與幾個父系親屬群的發展有關。此處介紹這些群體，來探討他們的居處與人口，是很合宜的；之後我們將會看到這些父系群在菸寮社會組織的重要性。這些父系群包括早期居民的男性後裔（真正的或是被收養的），婚入的女子，與尚未婚出的女兒們；也包含 3 位入贅的男子（丈夫結婚後進入妻子的原生家庭）。

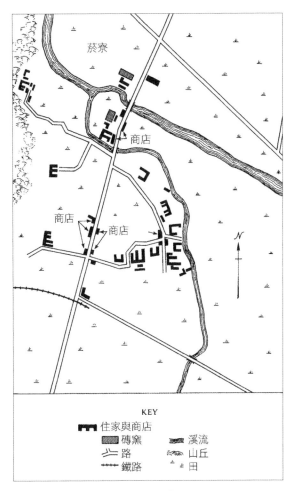

圖 3　菸寮

　　表 1 我標出菸寮父系群居民的代數與現在的家庭組成，其中黃 A 與葉 A 是最早定居此村的父系群；他們的祖先是在 18 世紀後期與 19 世紀初期由附近的龍肚村移入。戶籍登記[1] 上最早的日期是在菸寮出生的黃 A 與葉 A 的第 3、4 代之時，約當 1860 年代後期與 1870 年代初期。其他 7 個父系群在菸寮也住了 4 或 5 代；其中 4 群的祖先，也像最早來此定居者一樣，來自龍肚村；而另外 2 群祖先由美濃鎮的其他區遷來，還有一群的祖先則是生於屏東的客家地區。這 9 個父系群從清朝到現在就一直住在菸寮，約有 4 或 5 個世代；關於這些父系群的資料可建立其人口成長與親屬面向的歷史趨勢。我稱這 9 群為「主要的父系群」，同時因特定目的我將他們由其他的菸寮人口中抽離出來。除了這些主要父系群之外，還有 8 個家庭，是在二次世界大戰之後才遷來菸寮。主要父系群中除了黃 B 之外，皆由兩個或兩個以上的家庭組成，而新來的移民沒有一個是大家族群。新湧進的人口大都與現在村中許多小規模的商業和製造業的發展有關。

1　所有關於菸寮的人口統計資料來自美濃鎮鎮公所的戶籍登記簿，再加上我的修正。我無法使用政府行政系統下辦公室準備的統計資料，特別是關於菸寮的，因為沒有一項標出菸寮的人口分布。戶籍登記簿對在臺灣的人類學田野工作者是無價的資源；它的型式從 1905 到 1906 年日本政府開始強迫登記以來，一直沒有重大改變。分類的方式被持續地運用，因此臺灣的每一個人（除非他或她不守法）皆會被登記在某一住址上而且屬於某一個有指定戶長的家戶中。這戶籍登記簿提供了每一個人簡短的生命史資訊，包括出生日期、性別、父母、養父母（如果有）、住址變更、配偶及死亡日期。這戶籍登記簿不只做為描述整個人口的資料來源，也可用來追溯出個人與家之間的關係，而且可以重建有戶籍登記系統以後任何時候任何一個家的成員資料。我發現在收養、婚姻、出生與死亡這些方面，戶籍登記資料最為可靠。雖然關於嬰兒死亡率方面戶籍登記資料不完全正確（見 Barclay, 1954: 22-28），在這方面主要的趨勢也如此顯示。至少戶籍登記簿在住所上是可信賴的。就行政管理與戶籍登記的目的來說，住址與家戶是合法的單位，它們沒有必要反映出家的組織與住所的真實狀況。不過這樣的情形因田野工作而很容易更正。（關於臺灣戶籍登記簿型式的詳細資料以及人類學如何使用戶籍資料的例子，見 A. Wolf, 1975）

表 1 菸寮的父系群：世代數與家的組成（1965 年 5 月）

父系群	世代數 （從第一代到最年輕的一代）	家庭數目
黃 A	8	15
葉 A	7	10
葉 B	5	8
郭	5	5
林 A	5	6
傅	5	6
葉 C	5	2
葉 D	5	7
黃 B	4[a]	1
黃 C	2[a]	1
葉 E	2[a]	1
劉 A	2[a]	1
劉 B	3[a]	1
林 B	2[a]	1
葉 F	3[a]	1
鍾	3[a]	1
吳	3[a]	1
		總計：68

[a] 調查時每一代皆有成員。

圖 4　合院圖

注意：B 指的是臥室

比例尺－1：200

　　菸寮當地父系群的大部分成員都住在 U 形的合院建築中，跟美濃其他地區及大部分臺灣農村一樣；合院的兩側及其底是臥室、廚房及餐廳與接待客人的地方、還有儲藏室。合院底正中央的房間是崇拜祖先的大廳〔正廳（cheng-t'ing）、廳下（t'ang-ha）〕，如果有祖先牌位就放在面對大廳入口的靠牆處；祭祀祖先時供品就放在牌位前的桌上。然而，這祖先大廳常常被合院的居住者用來儲藏或做其他工作。在某些合院中央大廳，並沒有放祖先牌位而是有其他世俗的用途。通常在撥出來做為居住用途的一小塊地上，合院是主要的建築。豬圈與水牛圈、堆肥儲藏室、屋外廁所等等，通常在居住區的邊緣；通常蓋在遠離合院而靠近水田、溪流、或路邊。在主合院邊，可能會有更多的居住與儲藏的房間，但若是居住土地太小，或是人口增加太多，會有不同的建築結構靠近合院邊蓋起；這種在一塊地上「填滿」住家的形式，反映出居民多麼不願意將土地由農業用途轉為居住用途。

　　當新遷入菸寮的人開始蓋合院時，他會先在 U 形底部蓋上中央大廳，兩側各蓋 1 或 2 間房間；當他的家庭擴張時，會在兩側再加上新的房間。在某些時候這個家可能會分成幾個較小的單位，但是除了加蓋廚房外，合院內居住的分配並沒有什麼改變。除了中央大廳外，所有合院內的房間，加上其他的財產如土地、耕作工具或店鋪等會重新分配給新的家庭。由於中央大廳不在分家的範圍內，母家與分出去的新家同樣都擁有這個空間。因此許多合院實際上是一群多個家庭的父系群，它們的個別成員與家庭數乃繼續增加中。在菸寮任何時候各個合院（父系群）都在不同的發展階段中；有的合院只有 U 形的底部，有的合院已有一個側邊，有的已是完整的 U 形甚至還有兩個或更多的側邊。

　　合院中居住與其他設備的安排，或是在同一地點上合用一棟合院，都是為了適應耕地是重要經濟財產的結果；當土地發展為非農業用途時，不耕作便成了很可觀的發展成本。合院的逐漸擴張是一種有效運用，因為在已蓋好的建築旁加上新房間，比在新地點上蓋新房要少用一些土地。有效運用也反映在合院的「庭院」設計上，一塊平坦的區域（通常已鋪設好）對許多農事而言非常重要，特別是用來曬穀。一開始蓋合院的時候就會蓋庭

院，以及形成合院底部的房間。當擴張時便沿著庭院的兩邊加蓋房間，因此也是土地使用上進一步的有效運用。像中央大廳一樣，即使父系群的成員與家庭數增加了，庭院仍為這整個父系群所共有。

美濃是臺灣種菸草最重要的地區之一，菸草的生產受政府嚴格的控制，此區以許多兩層的「菸樓」〔客語「菸樓」（yan-leou）〕而聞名。就像菸寮的其他建築一樣，村中 28 棟菸樓大都蓋在合院裡或是住家旁，只有 6 棟菸樓蓋在獨立的土地上。菸樓可由其像屋頂窗的凸出通風口而辨認出來。每一棟菸樓都有儲藏菸葉的空間和一間乾燥室，乾燥室是菸樓最重要的設備；一間乾燥室的容量是有限的。一個農夫種植菸葉的許可，包括他可以種植多少面積的菸葉，以及多少數量的乾燥室〔菸樓的官方名稱是「菸葉乾燥室」（yen-yeh kan-tsao-shih）〕。被允許擁有數個乾燥室的農夫，通常會將之蓋在同一棟菸樓裡，因此菸寮村中的 28 棟菸樓共有 38 間乾燥室。有不少菸樓被擴充為其他用途；有些包括有臥室、廚房與儲藏室等的居住場所。

表 2　菸寮村住家的安排（1965 年 5 月）

一、合院住家		
父系群	**合院**	**家庭數目**
黃 A	合院 I	6
	合院 II	5
	合院 III	2
	合院 IV（只有底部與一側）	1[a]
葉 A	合院 I	7
	合院 II	3
葉 B	一棟合院	8
郭	一棟合院	5
林 A	一棟合院	5

（續上頁）

一、合院住家		
父系群	**合院**	**家庭數目**
傅	一棟合院	6
葉 C	一棟合院	2
葉 D	一棟合院	5
黃 B	一棟合院	1
黃 C	一棟合院（只有底部）	1
劉 A	一棟合院（只有底部與一側）	1
二、其他形式的住家		
父系群	**住家**	**家庭數目**
黃 A	有住所的「菸樓」	1
林 A	有住所的雜貨店	1
葉 D	有住所的「菸樓」	1
葉 D	有住所的「菸樓」	1
葉 E	有住所的中藥房	1
劉 B	有住所的西藥房	1
林 B	有住所的男士理髮店	1
葉 F	在傅家合院租房	1
鍾	有住家的辦公室（附近磚頭工廠）	1
吳	有住家的辦公室（附近磚頭工廠與木材工廠）	1

ᵃ 這個家的有些成員仍住在合院 I。

　　表 2 概述現在菸寮村的居住安排。村中 68 個家庭中，有 58 個住在合院或是結構相接的合院；黃 A，最早最大的父系群，有 4 棟合院；葉 A 有 2 棟，而且所有可追溯到 19 世紀的父系群，都住在完整 U 形的合院裡。二

次世界大戰後最早遷入的移民，黃 C 與劉 A 蓋的房子是可以擴充為 U 形的合院。葉 F 在傅家合院租房住，但是 1950 年以後才遷來的其他家庭則住在非合院型態的建築裡。這種非傳統型式房子的激增，不只是二次世界大戰後建築品味的改變，因為戰後移入者只有黃 C 與劉 A 按照合院型式蓋他們的房子，而且也只有他們是除了田地之外別無恆產的家庭。其他新來的家庭（葉 F 除外）在菸寮建立非農業的事業，他們住在他們的店裡或是店的附近。從最早父系群出來的有 3 家也住在店裡，離他們原來居住的合院居住區有一段距離，還有 3 家住在單獨的菸樓裡。雖然新的住所不是合院建築，但社交上他們還是完全參與他們父系群的活動。這樣的居住結構乃與農業競爭土地；因為土地是有價值的，住在菸樓或公司，是提供較多居住空間比較不貴的方式。因此即使相關的家庭必須留在菸寮村，非農業企業的建立與脫離合院型式的居住方式是相關的發展；而 1964 至 1965 年的趨勢並沒有顯示菸寮的合院居住方式式微了，因為在菸寮經濟上占主要地位的耕作，支持合院式的安排。

菸寮村人口不多，卻有相當多的商業建築；18 個店鋪，包括有 3 家雜貨店，兩棟磚窯，1 家木材工廠，1 家木匠舖，兩家中藥房，1 家西藥房，1 家販賣與修理腳踏車的店，3 家賣糖、水果與冰的店，1 家有燙髮用電器設備的美容院，兩家米店，與 1 家男士理髮店。大部分的店鋪都設在路邊，因此可以吸引路過的人。4 家店鋪有住所，除了 1 家外都是建在自己的土地上，遠離合院的住家。

人口

菸寮人口的改變反映了社會與生物的因素；由個別家庭的立場來看，出生是唯一增加家庭新成員的方法，家庭的大小因死亡與個人到別的家庭去而變小。戶籍資料的紀錄，1906 年是第一年有完整人口資料的一年。很不幸地，1920 年才有包括菸寮主要父系群的完整資料，因為較早期的戶籍登記簿不易全數取得。較早的家戶完整紀錄，1907 至 1919 年間有 52 人，

而 1920 年總人口是 104 人。1907 至 1919 年的紀錄提供了一些值得一提的訊息。1907 年初，登記簿上記載著 41 人；從 1907 至 1919 年，影響人口變遷的主要因素是：出生、死亡與婚後從夫居（結婚後男人留在家裡，新娘遷居到新郎家）。1907 至 1919 年的紀錄，顯示嬰兒與小孩的死亡人數最多：男性死亡有 5 位，是嬰兒與 3 歲以下的小孩，相當於男性出生的三分之一；而女嬰死亡有 3 位，相當於女性出生的四分之一。

　　1920 至 1964 年間影響菝寮人口改變的主要因素是：出生、死亡、從夫居、與移民（39 人於後期遷出，68 人遷入）。這段時間收養男性與女性的重要性下降；1920 至 1930 年間菝寮的家庭收養進來了 16 位，而有 12 人被出養；1940 至 1964 年間，6 個被收養進來 5 個被出養。收養數目減少，收養重要性下降，跟人口改變的其他因素之間的相關性更值得一提。招贅婚的婚姻，是從夫居的相反，只是 1920 至 1964 年間人口改變的很小因素；婚入菝寮的 3 位男士，其中 2 個跟同一個女人有關，這位女士跟第一位離婚後再婚。收養重要性的減弱，與罕見的招贅婚婚姻，是因為嬰兒與小孩的死亡數大幅下降，而這是日人引進現代醫療與公共衛生的結果。1920 至 1924 年間，所有男性的 40% 及所有女性的 28% 出生登記後存活不滿兩年；但到了 1960 至 1964 年間，嬰兒死亡數降到男性只有 2% 女性為 6%（表 3 顯示 1920 年以來菝寮人口的整個趨勢）。

表 3　菝寮的人口增加（1920-1965）[a]

	1920	1920-24	1925-29	1930-34	1935-39	1940-44	1945-49	1950-54	1955-59	1960-64	1965 5月31日
此段期間		34	39	54	71	44	63	108	138	135	11
累計數字	104	138	177	231	302	346	409	517	655	790	801
增加百分比		32.7	28.3	30.5	30.7	14.6	18.2	26.4	26.7	20.6	

[a] 此數字包括不住在菝寮的家庭成員。

　　從夫居是傳統中國漢人社會裡有名的特色，是強調父系使其能契合到保護男性世系的一種表現。在傳統漢人社會背景中，男性的世系是具有高度個人化特質的，一個男人的主要責任是盡可能地保證有男性的後代；如果他有好幾個兒子，很重要的一件事是，至少其中一個要結婚而且要有男性後代。每一代有一位男性就足以維繫一個世系線；一個男人當然期望有好幾個兒子，但更重要的是，兒子要能帶來孫子。同樣地，如果一個男人沒有兒子，只要他有父系的堂兄弟或侄兒可以繼續他父親與祖父這條父系世系線也就可以了。在中國漢人社會裡，具有個人化特質的世系線因重要的經濟考量而加強。追根究底，一個男人必須仰賴他自己的男性後裔來保障自己；這些男性後代可能一開始跟隨父親在田裡工作，或在家庭企業中工作，或者在外賺取工資回家，最後他們終將成為奉養年老父母的唯一依靠。

　　由於每一個男人是一個新世系的焦點，最重要的工作就是要把一個男孩撫養長大，一直到責任落到他的肩頭為止。所以，在人口變動不居的狀況下，一個家庭如何增添長大到可以結婚的男子，便是個關鍵的問題。最近這 20 年，在菸寮家庭出生的許多男嬰存活了下來，結婚後新娘從夫居，而且都有了自己的兒子；然而，從前高嬰兒死亡率使得男性女性皆很難長大成人，這意味著世系線可能會終止，除非以非生物傳承的方式來延續。利用戶籍資料加上訪問，我首先要確定到 1965 年 5 月止，在菸寮村發生的所有婚姻是如何取得配偶。為了特別說明用什麼方法以確保世代的延續，此處我只討論 9 個父系群丈夫的來源；很明顯的不包括第一個世代（每一父系群的開創者）。全部 166 位男子中，144 位是從夫居婚姻，有 2 位留在原生家庭沒有結婚而收養了兒子。166 位男子中，14 位從小就被收養，有 3 位男子婚入村中。因此有 10.2% 的男子不是經由出生而加入。1940 年以前與以後的婚姻現象有點不同。1940 年以前，87 位男子中 73 位是因出生而加入，而 14 位約 16.1% 則以其他方式加入。如果我們假定男子結婚的年齡是 20 歲，後面的百分比正反映了 1920 年以前的人口狀況。1940 至 1964 年間，96 位中 93 位婚後住在原生家庭，只有 3 位男子出生於別處而婚入，約佔 3.1%。

在菸寮村 14 位被收養的男子中，有 11 位存活到結婚，延續了世系線
——否則將會中斷；有 9 個案例是一個男子由 1 個收養的兒子承繼，另有
一位男子則有 2 個收養的兒子為其僅有的後代。這 11 個收養案例全都於
1926 年以前完成。另外有 3 位繼承父親世系線的養子不是家中唯一家系承
繼者，其中有 2 位被收養時（分別在 1929 年與 1931 年）原本預期應該會如
此。在 2 位被收養之前，他們的父親必然對家中的人丁情況深感困擾；這 2
位的父親分別於 1916 及 1922 年結婚，在收養兒子之前所有出生的兒子都
死了。收養兒子之後，第一個家庭在 1931 年生了 1 個兒子，第二個家庭則
在 1933 年有了 1 個親生兒子；兩家的親生兒子也都長大繼承家系。這兩家
3 個女人（其中一位男子有 2 個妻子）的生孩子時間跨越了菸寮村主要人口
改變的期間。這兩個收養的例子應是反映了傳統時期非常普遍的現像；不
過收養的這種傳統策略，因為嬰兒死亡率下降而被揚棄了。

收養

在美濃地區收養男孩有 4 種途徑。偶然會用綁架，清朝時期有兩家菸
寮人誘拐閩南人的小男孩。現在這是很冒險的事；撇開情感不談，一個男
人為何不在美濃區域內誘拐男孩有很好的理由。因為傷心的家庭與犯法的
家庭是同一社區的成員，受害家庭很有機會告官，或是直接報復。綁架小
孩很可行，但很危險，在這樣的情況下美濃客家人與鄰近閩南人間多多少
少會有地方性的爭端；如果大規模地到敵對的地方去綁架小男孩，那麼會
有類似軍隊出征的報復性行動。

比較常用的收養方式是直接去買，通常會由一位中間人安排。這個程
序很少會建立出養與收養男孩家庭之間的聯繫；事實上，交易的兩方除了
極為必要之外沒有共通點：一個急於要錢而另一個急於要兒子。買賣男孩
可由我朋友（美濃人，非菸寮人）的描述看出其來龍去脈；他說他的祖父
是跟一位清朝的軍人買來的，那位軍人急需現金買鴉片吃。談到綁架小孩
——明顯的——與買賣男孩，通常是對立與剝削的關係，與廣泛的地區對
立或經濟階層的模式非常相關。

另外兩種收養形式則大不相同，因為供給者與接受者雙方仍因不間斷的社會關係與義務而保持聯繫。父方收養或「過房」（kuo-fang, *kouo-fong*）在中國大陸與臺灣的許多地方都有提及，是親近的父系親屬間的一種義務。[2]「房」（fang）指的是一個父系群內的家系分支，「過房」意為「由一房過給另一房」。在菸寮，最親近的父系收養相關人是兄弟，最遠的男性親屬是彼此的祖父相同。姻親的收養〔「還外家」（*fan-ngoe-ka*）〕是根據親屬關係的另一種形式的男性收養。這是一位男孩被其母親的娘家收養；實行時，接受方可以是母親的兄弟和他的妻子，或是母親的父母；當後者收養他們女兒的兒子時，通常因為他們需要一位男性繼續他們的父系線。就女孩父母而言，姻親的收養是某種確保男性後代的迂迴方式；婚出的女孩瞭解她的新家將允許她其中一個兒子讓女孩的父母收養，因此女孩的父母僅跳過一個世代而得到一位繼承人。不管姻親的收養是否為婚姻協議的結果，與父系的收養一樣，辦理的雙方皆以親屬關係為優先基礎。[3]

被菸寮家庭收養的 14 位男子所使用的方法歸納如下：兩位被誘拐，4 位被買來，4 位為父系收養，4 位為姻親收養。[4]

就家系的維繫來說，家中收養女性成員的重要性不顯著。我總共記錄有 24 位女性被菸寮的家庭收養（9 位在 1920 年以前），即使有遺漏的情形，應該也極少。24 位女孩中 1 個死亡，另 1 個行招贅婚，其他的最後皆離開菸寮村。那麼，為什麼要收養女孩呢？首先，有一個常見的想法，沒有小孩的夫妻如果先收養一個小女孩比較容易有自己的後代。這 24 個女孩

2　關於臺灣的情況可參考葛伯納（Bernard Gallin, 1966: 167），關於大陸則可參考斯普林柯爾（Sybille van der Sprenkel, 1962: 16）。請注意，菸寮村的過房是一種收養，跟這個詞彙的其他用法不要搞混，它還可指親近的父系繼承，繼承人可能是成人，繼承沒有繼承人的遺產。

3　有一篇專題論著，談到中國大陸中部這類姻親型態的收養〔費孝通（Fei），1939：71〕；而在中國北方有一區，姻親聯繫的收養據說被刻意排除〔楊懋春（M. Yang），1945：84〕。

4　至少還有兩個例外的男孩收養；一個是 1928 年時經父系收養的男嬰但一年後死亡，另一個是 1937 年一位男士帶回一個他在外面與別的女人生的男孩。

中有 12 個的確是被沒有孩子的父母收養，不過之後的發展不太相同：其中 6 個被收養後有男性與女性的後代出生，這 6 個中 5 個成長後婚出，1 個未到結婚年齡就死了；有 3 個女孩其養父母沒有自己的孩子活下來，其中 1 個的養父母又收養了 1 個兒子，於是這女孩長大後婚出，另 1 個養女行招贅婚，第 3 個養女婚出，之後將其兒子給其養父母收養。這類別的 12 個養女中，有 3 個仍是小孩；1 個 1962 年收養的，[5] 之後養父母生了 1 個女孩，而另外 2 個 1964 年收養的則要看其後續的發展。

其他 12 個女孩被收養時養父母已有自己的小孩；其中 8 個進入的新家已有男孩與女孩，3 個進入的新家只有兒子，1 個進入的新家只有 1 個女兒。這 12 個女孩中，有 5 個可被稱做是監護式的收養；他們每一個都是在父親死亡母親再嫁後由近親收養；這 5 個女孩中，2 個之後被其他家庭收養，2 個結婚，剩下的那 1 個由其養父母家嫁出。所有監護式收養的父母都有自己的兒子與女兒；監護式收養不是增加成員的正面行為，而是反應親屬的責任。

這 12 位收養中，有 4 個的收養情況不是很清楚；這 4 個女孩被收養時新家已有子女，其中 3 個後來婚出，第 4 位後來又被收養出去。我們現在討論的這 12 位女性收養中，若是這 3 個案例明顯的是「童養媳」式的收養，那麼很可能就是「童養媳」式的收養（第 4 位，被收養時新家中沒有未結婚的兒子）。「童養媳」式的收養是養父母收養小女孩然後與自己的兒子一起撫養長大，而期望他們最後會結婚。但是在菸寮不論是 3 個或是 6 個這種形式的收養，沒有一個導向永久的婚姻。所有這些女孩後來都離開到別的家庭去，只有 1 位與那位期望是她丈夫的男孩結婚，但是不到一年就離婚而去。據我所知，出養中只有 2 個是童養媳型態。即使在日本統治之時，童養媳在美濃地區也不常發生，這情況與北臺灣某些說閩南話的地區，及部分中國大陸地區有所不同，在這些地區童養媳非常普遍（見 A. Wolf, 1966, 1968）。

5　這個收養要特別提及；它是一種姻親形式，但是由一個招贅婚的婚姻而來。一個菸寮男子從他婚出的兄弟那兒收養一個女兒。

　　撇開監護式收養不談，菸寮的女孩收養是經由購買取得或姻親收養，但是只有 3 個女孩是以後者的方式收養。所以親屬關係所扮演的角色不如男性收養來得重要：從家的延續或未來的經濟貢獻來說女孩較不重要，所以父母非常樂意讓她們被別人收養。對收養家庭而言收養兒子非常重要，有其對應的特殊背景，菸寮家庭全部只有 8 個兒子被收養出去（4 個在 1920 年以前）；所有這些男孩都是被親屬收養，經由姻親（3 個）與父系（5 個）來收養，而其中 5 個收養家庭（包括一個姻親家庭）也是菸寮村的居民。所有出養的男孩都是留在原生家庭那位男孩的兄弟。當兒子因社會關係與親屬責任而釋放出去時，同樣的情況很難適用於女兒。我紀錄了整個菸寮歷史中 20 個出養的剛出生女兒（6 個發生於 1920 年以前），而且我的資料可能不完全。但無論如何，趨勢很明顯：3 個出養給姻親，其餘的都是賣出去。

招贅婚

　　有 3 位男子因招贅婚而加入菸寮的家庭（1916、1928 和 1955 年），有一位菸寮男子因招贅婚而婚出（1950 年）。這樣的安排有一點與收養很像，只不過接受的家庭被提供一位成年男子，而不是領養兒子撫養他長大。與收養男孩不同，招贅婚對家庭生活有其特別的意涵，之後會有更適切的討論（第五章）；不過，我現在注意到，一個男人婚後從妻居常是社區揶揄的對象，他所加入的家庭也被揶揄。因為這樣的婚姻模式有許多討厭的特色，只有在特別情況下才會發生。3 位婚入菸寮的男子都來自貧窮的家庭，而婚出的那位也是如此；婚入菸寮的男子其中 2 位原本是菸寮家庭的長工。

　　舉行招贅婚之時，3 個家庭都缺乏兒子，不論親生的還是收養的都沒有，而且其中一個家庭才剛剛死了兒子。3 家的父母都到了某個年紀，父親的年紀在 45 至 54 歲之間，此時進入家中的男子最好是體壯的成人或差不多如此的人。其中一家的困境是兒子剛死亡，其他 2 家的情況我不清楚。在許多情況下，男性承繼之事與某些當前的經濟考量有關。3 家的父親已到了或接近應該從農場退休的時候；男子通常到了 50 歲會盡可能退出粗重

的田裡工作，到 60 歲時希望能完全不用到田裡工作。所以，就經濟效用而言，男性繼承人可由招贅婚提供而非收養 1 個小男孩。另一方面，由菸寮婚出的那位男子還有 3 個兄弟留在菸寮的家中。

當代的菸寮，脫離傳統生活模式的唯一標記，就是這第二種確保男性後代的方式大量減少，很明顯的是因為現代醫療與公共衛生保健的引進，大量減少了嬰兒與小孩的死亡率之故。傳統上，家庭組織是繁衍後代的一個單位，因父系農業社會的主要要求：生兒子以及幫他們找到妻子而被強化。許多方面都助長這種男性世系線繼續不斷的欲求；將尊崇或祭拜祖先與孝順的想法相連，賦予了強大思想體系上的支持，而在較世俗的層面，兒子（與媳婦）的重要性也相當實際。這些面對人口難以預料時的傳統回應方式，如今雖然尚未被忘記，但只有偶爾會被援用。不過，從夫居婚姻的傳統仍繼續著，而且很清楚地還是喜歡生兒子。

親屬組織

菸寮嵌合入美濃社會，不僅因為它是地方社區階層的一個單位，它也在美濃的親屬框架之內。親屬聯繫的發生首先是經由世系（出生或收養）與婚姻；父系親屬，是同樣姓氏的一群人，他們著重在有一個近的或是較遠的共同祖先，同時經由嚴格的同姓外婚原則，來確立彼此的親屬關係。當然，兩個家聯姻則成為親戚，同時也給他們原本的親屬帶來新的關係。我將先討論父系關係，再討論經由婚姻而有的關係，最後呈現這兩個親屬關係的面向，如何形成美濃社會的整個親屬框架。

每一個菸寮當地的父系群都是緊密編織的親屬社群，他們的整體性以不同的方式呈現，我們會檢驗其中一些。不過此處我要先思考新的親屬群形成的過程。一個合院包含一個父系群，但不可能無限的擴張。人們終將遷出而在別地建立新的居處，有時會發生於分家之前；有些家庭成員留在原來的合院而有些會佔據新的空間。新的居處可能與原有的合院共用同一居住地點，或在新地點建立。分家之後有些新家的成員可能會發現原來的合院已沒有他們的房間，不過他們與他們的父系親屬仍共有原來的祖先大廳。

新合院的建築可包括一間中央大廳。不過這間中央大廳不必立刻成為獨立的祭拜祖先大廳。黃 A 就可說明此現象，他們分別住在 3 棟完整 U 形的合院裡；而有一個黃 A 家庭還建立了第四棟有底部與左翼的合院（見表 2）。4 棟黃 A 的合院都有中央大廳，但只有一間大廳做為祭拜祖先之用。第一棟合院祭祀祖先的中央大廳確切的建立日期不清。它重建於 1900 年與 1928 年。而第二、第三與第四棟合院的中央大廳則分別建於 1928、1946 與 1947 年。

由 1965 年往前回溯，分別有 38、20 或 19 年間，不同的黃 A 合院都沒有要建立個別祖先祭拜地點的意願。不過每一棟合院的建築，就祭拜祖先的大廳而言，都有讓住在裡面的父系親屬可選擇獨立的祭祀。菸寮葉 A 的成員之一在 1800 年代後期由原來的合院遷出，同時在同村另一新地點建立新合院。在葉 A 新舊合院（I 與 II，見表 2）之間是田野、路和一棟另一父系群的合院。大約在葉 A 第二棟合院建立之後 30 年，祖先牌位終於放在當地居民現在一致認為是正式的祖先大廳裡。

當在一棟合院裡有一間完整的祖先祭拜大廳時，新的祖先牌位給居住在此合院的家庭一個系譜的憑證，以及指出與「父母」合院同一的祖先線。所以在葉 A 合院 I 與合院 II 個別的祖先牌位上有不一樣的系譜陳述方式。在合院 I 的祖先大廳裡，祖先牌位的上方，有一份裱框好的文件掛在牆上。這份文件上記錄著從第 1 代到 16 代的祖先，而祖先牌位上則是 17 代以後的祖先。在合院 II，所有世代的祖先都記錄在同一牌位上。17 代祖先是葉子郎，菸寮葉 A 的創始者；在此代之前兩間祖先大廳記載的系譜是相同的。在圖 5，則指出兩邊系譜的不同。兩個葉 A 祖先大廳的祖先牌位都將焦點放在自己合院居民的共同祖先，而忽略另一合院成員的旁系線；事實上他們以系譜詞彙描述合院的居所。兩個葉 A 合院顯示一個父系群在其原來合院之外的擴張如何有分裂的可能性，以及合院間親屬的散布最終如何反映於同源分出的祖先大廳上。

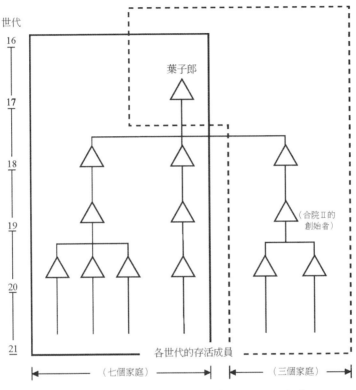

合院I的系譜———　　　　合院II的系譜 ─ ─ ─

世代

16

17

葉子郎

18

19

（合院II的
創始者）

20

21

各世代的存活成員

（七個家庭）　　　　　（三個家庭）

圖 5　葉 A 合院 I 與合院 II 祖先牌位上的系譜

　　此處我將描繪南臺灣客家父系組織層面的特徵，關於此我在其他地方（Cohen, 1969a）也有一些詳細的描述。在家庭之上的層次是當地的合院父系親屬群，而在最高的層次則是大的宗族（lineage），有些宗族將其成員拉到比美濃更大的南臺灣客家居住區域。我們已經知道傳統清朝時期，南臺灣客家居住地是如何的有凝聚力，在客家六堆軍事組織框架中，美濃社區是最北的單位。到了日人統治時期，讓南臺灣客家統一的政治軍事機構被瓦解了，同時大的宗族也開始衰退了。這些宗族曾是擁有土地的合作群體，當一個宗族形成或原來股東後裔組成宗族時，他們的成員購買土地的股份。一個宗族的成員可包括許多父系群的代表；在一個宗族成員中的一些當地群體可能彼此分裂時，若從最近一位臺灣祖先的共同後裔來看，

有些成員並沒有關係。所以大的宗族通常會以一個夠遠的祖先為其儀式中心，而提供參與合作的當地父系群，一個除姓氏之外還有的共同點（要進一步瞭解臺灣宗族組織可參見 Ahern, 1973; Pasternak, 1972; 關於大陸的宗族參見 Baker, 1968; Freedman, 1958, 1966; Potter, 1968）。

大宗族的形成，與產生新地方父系群的分裂過程之間，沒有直接的關係。這分裂的過程是因為地方父系群有維持某個大小的傾向。地方父系群對其成員明確的劃出親屬行為的親密範圍，此處家與家因共同的義務及彼此互相幫忙而緊密聯繫。一個父系群以一個合院為中心，是在一個較大的地方居住地裡小而緊密的社區；這樣的社區不能無限的擴張，大小與親密的平衡則要靠合院的分裂來維持或重建。

以合院為基礎的父系群在許多儀式背景中是一個單位，譬如婚禮與喪禮；當一家是這種情況下的主人時，所有父系群中其他的家庭都會自動來幫忙。這個可被動員為一群的父系單位也是成員家庭的一個「社交場合」；雖然經濟上彼此是獨立的，在勞力交換或雇用這類的事情上，彼此都被期望給予對方「優先取捨權」。合院內的父系親屬——特別是那些年長者——常常被叫來仲裁家庭的爭執，同時他們幾乎總是被要求做為分家會議時的見證人，這是大部分男人不太願意但有義務該做的工作。

「社交場合」的概念，提供給那些親屬的聯繫不是由血統而是由婚姻形成的家庭之間，一個通往親屬領域的橋樑。在這樣的背景下，「母方的」與「姻親的」這些詞彙常常被使用，事實上在葛伯納（Bernard Gallin）的論文（1960）處理臺灣另一個地區的非父系親屬形式時，這些是主要的詞彙。在某些情況下姻親的確有特殊的地位。當姻親準備分家時，他們傾向支持他們的姊妹或女兒的丈夫對抗丈夫們的兄弟；同時分家之後，女子的生家與女子丈夫兄弟新成立的家之間，關係通常會變得相當薄弱；而女子新與小的家和她的生家之間，關係變得更親密。因此姻親的重要性與特殊的家庭發展有關，母方的關係也是如此。當一個男子妻子的生家長者去世時，他們之間的親屬強度不會有突然的改變，他是他妻子幾個兄弟的姻親，這些兄弟是各個家的家長。然而，到了下一代，當他與他的妻子死了以後，親

屬關係會變得較微弱；現在每個家的家長是他的兒子，他們與他們母親兄弟的兒子們當家長的家之間，事實上是靠母方的關係聯繫著，而母親的兄弟可能也已過世了。

　　一般而言，因婚姻而有關的家庭間之親屬行為，當原先提供連結的這對夫妻過完其一生之後，不會保持原有的強度。所以新婚姻不只產生新的親屬，當舊的關係變得較不重要時，也維持了一個活躍的親屬循環。不過在某些情況下舊關係仍持續重要，談到所有因婚姻而產生的親屬關係時，我用「親族的」（cognatic）一詞來稱呼。較遠的親屬關係通常用來在一個比較不熟悉的情況下建立關係，所以大部分的美濃人在他們的腦海裡都有個相當複雜的系譜；親族的親屬事實上讓一個人有個「社交場合」，可補足他的地方父系群所組成的關係。

　　美濃的婚姻模式，反映了過去多年來已建立的親屬聯繫能繼續的重要性。同姓外婚符合一般中國的慣例，但是有些個案（菸寮有一例）例外，有一位男子姓其招贅婚父親的姓，和一位與其母親同姓的女子結婚。以美濃社區為一整體，一般行社區內婚，不過在社區裡各個家庭傾向於發展散布較廣的親族聯繫。根據戶籍登記的分析與訪問受訪者，我可以確定菸寮村最早定居者中的 7 位配偶。在菸寮的 9 個主要父系群中，婚姻特色非常穩定：356 椿婚姻絕大多數是現在美濃鎮鎮內居民間內婚；這些內婚包括婚入、婚出村子與村內內婚，這占所有 365 椿中 88% ——如果包括與在鎮外但仍在美濃社區裡的客家地區聯姻，則有 94%。長期以來累計的資料沒有隱含什麼大改變，到 1965 年 5 月為止，任何一個 5 年，與美濃社區以外的家庭聯姻的總數不會超過 10%。

　　菸寮人反對客家人與非客家人間的婚姻；他們會把不常發生的這類婚姻當作他們對婚姻模式看法的證據。然而，與美濃社區以外的客家人結婚，跟與非客家人結婚一樣是不常見的，這指出婚姻模式並非只根據族群的因素。婚姻的聯繫大都限制在美濃鎮內，因為家庭農業或其他活動最重要的就是當地的親族聯繫，因此將他們牢牢拴在美濃社區裡，而且使他們相當依賴當地的社會關係。

　　從菸寮居民的角度看，村子本身形成 3 個同心圓中心，而由此處來選擇配偶；菸寮之外為大龍肚區及最後美濃的其他區域。大部分的婚姻是在龍肚區域內選擇配偶；除了 1910 至 1914 年與 1915 至 1919 年外，其他任一個 5 年，菸寮與較遠的美濃社區通婚的案例不會超過所有婚姻的三分之一。親族的聯繫在龍肚區域內特別重要，對菸寮居民而言，龍肚村是自己的村子與美濃大社會中間層次的社區；親屬就在附近，而且在許多情境下他們會聚在一起。然而，親屬的所在地不完全是強調親近而已，因為也有很強的傾向能正好達到親族親戚某個程度的散布。長期以來，菸寮居民讓其親屬分布在整個美濃社區，而親屬是構成人口漸漸增加的一個大要素，較親近者則進入村中。

　　想要讓親族聯繫有相當的地理擴張是很重要的想法之一，這可被稱為家庭的親屬策略。我們細想當一組兄弟姊妹分別結婚後形成的親族聯繫，就可瞭解這種計畫的結果。因為大部分的人留在他們出生或收養的家庭直到結婚，結了婚的兄弟姊妹形成親族親屬網絡的中心，而此網絡是由家中的長者在其一生中發展出來的。這個網絡包括兄弟妻子的家庭，以及他們姊妹嫁進去的家庭。圖 6 說明經由同一家各個兄弟姊妹的婚姻而建立的親族聯繫，以及其所分布的地區。除掉非初次婚姻[6]，那些相關資訊不詳的婚姻，那些兄弟姊妹少於兩人的婚姻，以及與美濃社區以外聯姻的婚姻之後，我們由菸寮所有婚姻中舉出 293 人的婚姻，他們分屬於 65 家（組）兄弟姊妹。3 個兄弟姊妹組中只有 1 組，其他包括超過 3 人以上的兄弟姊妹組中沒有一個，他們的配偶來自同一個地區；包含 5 人或以下的兄弟姊妹 48 組中有 9 組強調分散，他們一組中有半數以上的配偶來自不同的區域，而有 6 人或以上的兄弟姊妹 18 組中有 9 組也是一樣的情形。

　　這些兄弟姊妹的資料也反映了龍肚村是配偶來源最被期盼的地區。在我們手邊資料的全體 293 人中，155 位的情況如下：有 2 個或以上的兄弟

6　初次婚姻是建立親族聯繫最重要的；包括除了招贅婚與「童養媳」之外所有的第一次婚姻；不包括鰥夫的婚姻與娶第二位妻子（妾）的婚姻。

姊妹，他們的配偶來自同一區；而其中 78 個來自龍肚，7 個來自菸寮本村，約占這一組裡的 55%。

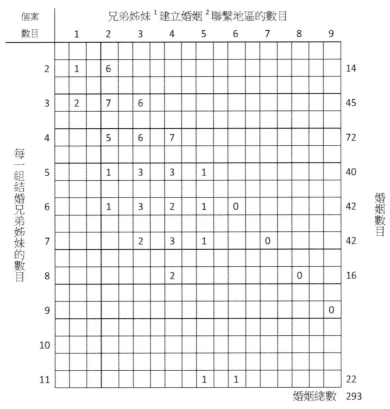

¹ 在以下的區域：菸寮、龍肚（菸寮之外）、美濃、中壇、金瓜寮、吉洋、竹頭角、新威、新寮（最後兩個地點在美濃鎮之外）。
² 只限初次的婚姻（見註6）。

圖 6　菸寮經由兄弟姊妹的婚姻而形成的親族分布

可以這麼說，在美濃親屬太重要了，所以不能浪費建立親戚關係的機會。因此，當地父系群間幾乎未見到多重的直接婚姻聯繫（multipl edirect marriage ties），由此可看出社會關係中親族聯繫的重要性。雖然在菸寮的婚姻中有 7 位來自村外的配偶來源不清楚，所以不能包括在內，但在我的研究裡，並沒有發現菸寮以及與村外的父系群之間有多重的直接婚姻聯

41

繫。除了以下我將說明者，配偶雙方都來自菸寮的情況也是一樣。自創村以來，有 14 件婚姻中的新娘與新郎都屬於村中的 9 個主要父系群，只有在黃 A 與葉 B 之間有兩椿婚姻；讓我簡短地描述第一椿婚姻後發生的事，因為這椿婚姻的明顯例外狀況，事實上反映了兩個父系群體間不重複通婚的重要原則。

新娘是葉 B 的成員，在嫁入黃 A 之後，她的父親死了，沒有男性的後代。她的母親在此之前就已死亡，兩個仍住在葉 B 合院的年幼妹妹很快地被其他家庭收養過去。這些事情發生之後，這位女子的黃 A 丈夫在她剛生了一個兒子後死了。她陷入完全孤立的狀況，遠超過她能忍受的範圍；她將兒子留給丈夫父親的兄弟撫養，同時遷出村外到另一個地區，之後在那邊找到一個丈夫。這位女子的離開帶走了黃 A 與葉 B 的最後聯繫；這個聯繫是因婚姻而擴張到整個父系群，因為他們包含聯姻的家庭和他們的後代，雖然她留下一個兒子，但是已沒有一個葉 B 的後裔線可做兒子的姻親。

類似的不幸沒有發生在第二椿葉 B（與黃 A）以及村內父系群間的聯姻，菸寮家庭和父系群透過婚姻建立的親族聯繫也都沒有受到破壞。而整個地方父系群之間不重複聯姻的原則，說明了親屬系統中父系與親族間的重要連結。同姓外婚與兩個父系群間只允許一椿婚姻的原則，使菸寮主要父系群間最多有 29 個婚姻可能，但事實上只發生了 13 個。由於不重複的慣例，每一椿婚姻在菸寮親屬網絡的縱橫交錯上都有重要貢獻，使得所有主要父系群都直接或間接聯繫著。不重複策略的邏輯，意指到某一點後村內的婚姻將會減少建立新親屬關係的效益，而且自 1953 年以後主要父系群間只有一椿新婚姻；1959 年最近的一椿婚姻意義非凡，因為它重建了黃 A 與葉 B 的聯繫，而且也讓葉 B 有了唯一與菸寮其他父系群的連結。

在菸寮以及在美濃社會的各個層面，父系與親族關係的結合構成了整個親屬網絡。同一個姓形成父系連結的基礎，但同時同姓外婚加強了親族聯繫的交叉發展。父系同族的親屬具有普遍性：它以一位共同祖先為基礎，把推測或真正的後代集合成一大群人；親族親屬則具有個別性：因為它提供了一個人經由婚姻、出生或收養的一連串關連，建立他的社會連結。

父系親屬可以成為不同社會與地區規模上，群體組成的架構。過去，宗族可擴張超出美濃鎮之外，而且可將成員拉到整個南臺灣的客家社會中。即使在最親密的社會生活層次，父系親屬會區分成不同群體，不過事實上在美濃社會，地方的父系群仍形成連結多個家庭的最小社群。親族親屬的個別性質傾向於將婚姻侷限在較小的區域內而產生新的關係，因為建立了這個聯繫，新的親戚才容易彼此互動。所以親族的連結主要是在美濃社區內，長此以往一個漸漸增加的緊密親屬聯繫基礎便發展出來了。於是親族關係在整個美濃社會中非常重要；到現在為止，美濃仍是許多（也許不是最多）人彼此可以因近的或遠的親族聯繫來建立關係的社會領域。

經濟

農業是美濃經濟的主體，跟臺灣大部分的農業區域一樣，此地也生產一年兩穫的稻米。但是美濃鎮非常重視菸草的種植，這點與其他臺灣鄉村（包括與美濃相鄰的區域）不同。1961 年，美濃 1,531 戶人家種植 1001.87 公頃的菸草〔臺灣省政府農業普查委員會編印（高雄縣），1963：137〕，占臺灣所有種菸草家戶的 14.2%，而且所有土地的 15.6% 拿來種植菸草〔臺灣省政府農業普查委員會編印（臺灣），1963：7〕。

與整個美濃一樣，在菸寮大部分人屬於家庭的成員，而家庭同時擁有與種植土地；就這個範疇而言，村中 68 個家庭有 60 個皆如此。菸寮也跟美濃一樣，有同樣的作物耕種模式。稻米占主要地位，一年兩穫的稻米決定了一年農業活動的週期，而將一年分成三個時期。第一期，稻米由種植到收割，約從 2 月中或 2 月末到 5 月末或 6 月初。第一次收割後立即種第二期稻作，大約在 10 月初到 10 月末收割。接著大約有 4 個月，通常稱做「冬季時期」，此時則種其他的作物。農業週期也受到水取得與否的限制。乾季，從 10 月到 4 月，與第一次稻作生長期有很大的重疊時間，此時只有在有灌溉溝渠的田野中才能種稻。大約 5 月開始，雨水才足以讓更多的地區可以種稻。乾季時，在一穫的田野上，地瓜為其主要作物。而在冬季時期，不論一穫與二穫的田野上都種植地瓜與黃豆。然而，此時碰到最大的

勁敵：菸草，它只有在冬季時期生長，而且同時可種在一穫與二穫的田野上；冬季時期可延長到雨季開始，讓菸草種植變得可能。

菸寮是美濃鎮強調菸草生產的代表；1938 年家戶開始種植此作物，這一年菸草被引進美濃，而在 1964 至 1965 年間，有土地的 60 個家戶中有 37 家種植菸草。在菸寮，與其他主要作物生長相比，生產菸草最需要大量勞力，表 4 顯示臺灣不同作物平均所需的勞力，而與菸草相關的勞力，比統計數字指出的還要更多，因為菸草只生長於作物生長的三個季節之一。一年種植兩季稻作與一季菸草，或是一季稻作、一季地瓜與一季菸草，都非常需要勞力。而且種菸草的農夫要精準的運用作物的週期。

表 4　臺灣主要作物每一公頃所需的勞力（1961）

作物	工作天
菸草（一季）	789.0
蓬萊米（兩季合起來）	204.3
在來米（兩季合起來）	193.4
地瓜（一季）	119.4
甘蔗（一季）	231.9
花生（一季）	190.2
黃豆（一季）	140.3
香蕉（一季）	142.8

資料來源：陸年青編，1962：487-91。

與其他作物相比，菸草很有競爭性，因為它可以有高的現金收益。菸酒公賣局是控制菸草產量的政府機構，菸農收入得到臺灣菸酒公賣局的保障，不受市場波動的影響；雖然種植者不能預測最後的總收入，但是他知道他的作物會根據菸葉品質的固定價目表，而由公賣局收購，此價目表會在種植之前公布。表 5 根據 1961 年臺灣平均值，指出菸草相對於其他主要

作物的競爭地位。兩季稻作與一季菸草的種植週期，其生產量比任何其他單一作物或多種作物的種植週期高出許多。然而，地瓜，另一種冬天可種的作物，總收入比菸草高。但在田地成本與包含勞力的田地成本比例上，菸草遠超過地瓜及其他作物。如果勞力不算進田地成本內，菸草每一公頃的總收入是新臺幣 27,092 元，比其他作物都高。當然，勞力不能從田地成本中扣除，它也不被認為是等同於化學肥料等的加工商品。

　　當說明所有勞力的現金價值時，必須記住只有一部分的勞力是雇用的，其餘勞力是由家庭成員來支援，包括直接的支援或是經由與其他家庭間的勞力交換。所以，此作物得到的現金相當高但非常需要勞力，而工作勞力則由家庭成員組成。換句話說，種植菸草顯著地加強了在家庭農場工作的家庭成員們的經濟價值。

表 5　臺灣主要作物每一公頃平均的成本與收入（1961）　　　　　　（臺幣：元）

作物	田地成本	主要產量的價值	總收入	田地成本的勞力部分	田地成本的勞力比例
菸草	32,925	39,600	6,625	20,467	62.1
蓬萊米（第一季）	8,430	15,882	7,452	4,450	52.8
蓬萊米（第二季）	7,792	15,984	8,192	4,156	53.3
在來米（第一季）	7,788	16,895	9,107	4,324	55.5
在來米（第二季）	6,787	14,130	7,343	3,792	55.9
地瓜	8,099	15,908	7,809	3,894	48.1
花生	8,197	11,158	2,961	4,789	58.4
黃豆	7,533	10,569	3,036	4,174	55.4
甘蔗（一年）	11,348	19,420	8,072	5,369	47.3
香蕉（一年）	16,767	25,545	8,780	7,376	44.0

收入之單位為新臺幣。

資料來源：陸年青編，1962：pa II。

　　大部分的作物，種植期間不是一直需要勞力。通常都有農忙與農閒兩個時期，在臺灣這兩個時期以稻米耕作最為明顯，收成時最需要勞力，而種植與除草時也需大量勞力。但是種植菸草就沒有這樣的波動；種菸草對勞力的需求不只高，而且生產過程的某些時候會與稻米種植競爭勞力。菸草生長期，除去冬季時期是稻作農閒時期外，它的工作在二季稻作收成之前不久就開始，延續過了冬季時期，一直到第二年的 5 月中或 5 月末才結束。對菸草種植的家庭而言，農閒時期只有 3 個月，在第二季稻作種植之後 6 月初開始。

　　菸草生產，包括菸草種植與菸葉燻製，可分為 6 個時期：育苗準備與播種；第一次移植；最後的移植；田地耕作；收成與燻製；篩選、包裝與販賣。農夫一年可種植菸草的土地與植株數目的額度，以及最後產品的總重量皆由臺灣菸酒公賣局指定。一般而言，種植菸草者唯一的選擇是遵從公賣局的規定或停止種植菸草。當公賣局給予增加額度的機會時農夫可以婉拒；然而如果被命令要減少生產時農夫必須減產，而且也不能任意減產，除非有命令下來。如果一個農夫停止生產菸草一年，他的種植菸草許可證就會被撤銷。

　　由於嚴格控制的結果，菸草種植者年復一年繼續種植此作物。雖然個別的額度可能會增加或減少，種菸草的農夫只有在最不願意的情況下才會停止生產；1945 年以來沒有一位拿到種植菸草許可證的菸寮農夫放棄種植。1965 年有 27 張許可證讓 37 個菸寮家庭可種植菸草；其中 21 張分別由單一家庭擁有，而另外 6 張則由 17 個家庭共有。（這 17 個家庭中有 1 家約在 20 年前就從菸寮移居到附近的小屋居住。）只有在一個種菸草的家庭分家的情況下，幾個分出去的家才可合法共有 1 張許可證；在菸寮所有共有許可證的家庭都是分家後的結果。

　　經由各種形式的合作，農家會增加家庭勞力的經濟價值，同時減少付給外人的工資總數。不過一個家與其他家合作的程度要看有多少可用的勞力而定，甚至在最有利的情況下，大部分的家庭在最忙的時期還是要雇用外來勞力。

　　最常的合作形式就是有名的「換工」〔交工（*Kao-Koung*）〕——家與家之間簡單的同意交換一定數目的「工」，此詞我譯為「工作天」，更精確的意義為「一位強壯的成人完成既定工作的一天」。需要幾個人一起工作一天或更多天的差事，通常都是以工作天來計算。這些差事包括稻米生產的主要層面，如：插秧、除草與收成；也包含兩次菸草的移植、耕種、收成與篩選。在同樣的農業耕作背景下才能計算勞力交換；譬如在稻米收成時可交換工作天，不過稻米收成的工作天不用來交換菸草篩選的工作天。這種互惠的勞力交換需求被嚴格的限定。如果工作天無法以家庭勞力回報，必須以等質的勞力補償；通常是雇用勞工代替。如果做不到，就必須付給對方等值的工資。

　　可以用工作天計算的所有的工作都可做勞力交換，而需要大量勞力且工作時間可以有一點點彈性，這類的工作最傾向於用勞力交換。就菸草種植而言，在收成與篩選時，勞力交換最為重要，在耕作及第一次和最後一次移植時，也會用到勞力交換。一般而言，居住比較近的家之間，比居住較遠的家之間有更多的勞力交換；屬於同一個合院父系群的家之間勞力交換非常普遍，父系親屬要求交換勞力比其他非親屬有優先權，不過嚴格的互惠原則在親屬與非親屬之間沒有差別。對菸草耕種者而言，收成時當地父系群的勞力交換非常重要，是自家勞力之外最主要的來源。在菸草篩選時期，因為鄰居家庭也必須在相同的時間售出這些作物，所以在這樣的情況下，種菸草的農夫會與住在美濃其他地區的親族（cognatic）親屬交換勞力。因此，在菸草生產的不同階段，美濃親屬系統的不同面向分別被強調了。

　　有一小部分的勞力，家庭之間會彼此提供，這稱為「幫忙」〔膳手（tien-chou）〕，與勞力交換截然不同。因婚姻而來的關係提供了「幫忙」的網路。這些家之間當被要求或有能力時有義務提供協助。「幫忙」不限制在工作天上，也不限制在農業或其他特定的差事上。它是持久的關係包括許多互相幫助的形式。農閒時期各種不同的長期與短期的工作中「幫忙」最為顯著。「幫忙」的互惠層面有兩層，一方面，有勞力「交換」成分。例如：葉旺川（Yeh Wang-Ch'uan），菸寮的一個家戶戶長，叫他的木匠兒子去龍肚「幫

忙」其姊夫蓋一間新的祖先大廳，第二年夏天，龍肚的親戚派一位男子來幫忙他們重建廚房。

有「幫忙」關係的家庭之間也有「禮物」交換的互惠行動。有兩個黃家的戶長是兄弟，他們經常「幫忙」葉大仁（Yeh Ta-Jen），而葉也會回幫這兩個黃家。葉的妻子是兩個黃家兄弟的姑姑（黃父已亡）。葉說他們彼此提供互換的工作天只有個粗略的數字，當一個家覺得得到的工作天超過他所提供者時，他會尋求機會「幫忙」。葉家與兩個黃家經常互相贈送農產品。

與勞力交換相關的工作，有時也包含「幫忙」，當親族親屬在農家最忙時期「幫忙」時，常有不同的互惠形式。較窮的家庭為較富有的親戚工作，那較幸運的親戚會以禮物回報──通常是米或豬肉。例如：葉旺徠（Yeh Wang-Lai）的女婿，住在美濃另一個區域，沒有種足夠的稻米養活家人。他經常在稻米收成時到菸寮幫忙葉旺徠，葉每年都會給他的女婿一些稻穀。

農業雖然在菸寮經濟上居於主要地位，但並沒有壟斷菸寮的經濟。表 6 顯示菸寮工作人口中大約有 70% 的男人與 93% 的女人與農業有關。然而請注意，有 22 位男性除農事耕作外同時也長期從事非農業的工作；與 43 位都不從事農業耕作的男性一起算，占了男性工作力的 46%。另外還有 25 位男子，約占所有男性工作者的 18%，可以從事短期的工資勞力工作，不過只有一小部分是屬於非農業的工作。然而，整體來看，似乎很明顯地，男子工作總量中，有相當分量的工作時間是從事非農業的活動。菸寮的總勞力約由男女兩性平均分擔，但只有 12% 的女性會從事長期非農業的職業。事實上，女性提供大部分的農事耕作「人力」，既是家庭農場上的全職工作者，也是賺取工資的短期勞力。即使如此，大部分的家事仍是由女性承擔，她們在農業上有顯著的地位；就這個層面來說，菸寮的情況顯然可以確認女性具有相當重要的生產角色，許多在大陸或臺灣的研究者認為這就是客家的特色。

表 6　男女兩性居民勞力的分配，菸寮（1965 年 5 月）

農事耕作	男性	女性
家庭農場耕作的農人	37	71
耕作同時長期從事非農業工作	22	6
家庭農場耕作的農人也可從事短期農業與非農業的工資工作	20	37
半退休農人，只從事輕便的工作	8	3
只做一些農事，主要是掌管家庭農場雇用勞力的事務	7	2
沒有土地的家庭（務農與不務農）提供的短期工資勞力	5	7
非農業的職業	43	10
總勞力	142	136

　　關於菸寮非農業的職業有幾點值得一提，表 7 列出的非農業職業中，沒有一個有從農業脈絡中脫離的必要；只有一小部分是全職的薪資職位，而且沒有一人受工廠雇用。然而，列出的 81 個職業中，57 個與家庭擁有的店鋪、工場（plant）或其他資本化的事業有關，而只有 6 家無土地家庭所擁有的事業提供了 10 份工作。因此，大部分的事業乃由有農場的家庭擁有，而 47 位在這些事業工作的人都是這些家庭的成員。在菸寮非農業的經濟活動大都與家庭組織框架下的農業相關連。事實上，觀察菸寮以及其他美濃地區的經濟狀況，事業的型態應從家族的角度切入，而不是家中成員分別參與的許多活動之一。家庭內經濟多樣化的現象，是菸寮仍是傳統家庭生活組織的明證——我們現在要進入這個主題。

表 7　菸寮的非農業職業（1965 年 5 月）

	居民勞力			
	同時參與農事耕作		非農事耕作	
	男性	女性	男性	女性
菸寮的店鋪、工廠或其他資本化的事業	13	6	23	9
菸寮家庭擁有的店鋪與工廠但座落於村外	2	0	4	0
行政部門的工作	7	0	5	0
薪資的工作	0	0	11	1
總計	22	6	43	10

第三章　漢人家庭組織綜觀 [1]

許多支配於寮家庭生活的力量，在美濃地區或在當前的臺灣歷史上都獨一無二。然而，家庭組織仍然沿襲著清朝時傳統中國的特色。有時容易看到改變的地方卻沒有改變，這一章我將討論某些與於寮情況有關的中國漢人家庭傳統特色。

首先要指出「家」（chia）是重要的單位，「家」通常被認為是家庭（family），但在中文詞彙中「房」（fang）與「家」皆是漢人親屬系統中最小的單位。「房」是親屬，可用來指父系群的世系中不同大小與不同系譜深度的分支，也可用以指結婚的單位包括夫、妻與小孩（見 Hu, 1948: 18; Fried, 1953: 31）。至於「家」，可定義為「經濟的家庭，即：包含因血緣、婚姻或收養而彼此相關的成員組成，有共同的生活費用與共同的財產」（Lang, 1946: 13）。當然，一個家的大小、世代數目、與每一代的房數可以有各種可能。

然而，像「房」一樣，「家」也是有多種用法的親屬名詞。在美濃，我常聽到一些幾個世代前為同一祖先的父系親屬間彼此稱呼為「同一家人」〔同家人（t'oung-ka ngin）〕。甚至同姓的人雖然在系譜（如果有）上無法追溯，也會用同樣的詞句來稱呼。無庸置疑地，親近的父系親屬當然毫不遲疑的說彼此是一家人。我不知道在中國這個詞句的使用範圍有多大。當然，「家」（chia）最常被認為是某種的「家庭安排」（family arrangement），然而這個詞彙的內容仍很含混，此由針對此一主題的研究結論中可看出：「我們階序的基底就是家。這個名詞的正確意涵很難達成共識，或許因地方差異而有不同的意涵。」（Osgood, 1963: 355）

1　這一章有部分取自我的文章 "Developmental Process in the Chinese Domestic Group"，此文刊登於 Maurice Freedman（1970）主編的 *Family and Kinship in Chinese Society* 一書中。感謝史丹佛（Stanford）大學出版部允許我引用該文的資料。

　　就狹義來說，「家」指的是一個群體，是家戶組織的基本單位，它的成員由親屬關係組成，而且成員中的男子共同擁有家產。由「分家」（fen-chia）一詞便能精確地瞭解「家」的這層意義：一個特定、有清楚界限的親屬群體，他們對家產有同等權力，分家便是把家產瓜分了。分或是沒分，很清楚明瞭，沒有模糊的地帶。如果分家了，之前只有一個的家被分成兩個以上，原來的家產被重新分配。談到這樣的家戶群，我交互使用「家」（chia）、「家群」（chia group）、「家庭」（family），三個詞彙具有相同的意義。

　　如果我們先瞭解，「家」是一個獨特的親屬群體（discrete kin group），它在居住安排上以及成員間的經濟關係上可能有很大的差異，一些有關漢人家庭單位的問題便比較容易釐清。為了分析方便，家產、經濟與群體可當作是「家」組織的三個基本成分。我將先分別討論每一個成分，然後再談他們如何以各種形式相互連結。家產是家所擁有的財產，是分家過程施行的目標。家群是由那些在分家時多多少少有權力分家產的人所組成。家的經濟指的是家產的開發利用、與因之而來的利益，還包括家人因共有家產得以在外工作賺錢後寄回家中的匯款，以及在共同預算下的一切安排。

　　費孝通評論說，「家」是「共同所有權的基礎」（1939：59）；家產，家群的經濟基礎，包括土地（除了最貧窮的家庭外，通常是最重要的財產）、以及其他如居住地、家戶動產、農場建築與工具、家畜，也許也包含店鋪或其他商業股份等。一般而言，兄弟對家產有相同權力，最後也是由兄弟來平分家產；在某些地區，最年長的兄弟可能會多得一點點（Van der Sprenkel, 1962: 16）。我們後面幾章會看到，家產不是家庭個別成員或是家中一小群人所擁有財產的總和；但是很明顯的，對大部分漢人家庭的成員來說，若要生存下去，家產比所有其他的相關財物都更為重要。

　　麥克里維（McAleavy）指出「家」經濟大都是由集體方式來經營：

　　一般的原則就是所有家庭成員的勞力成果，無論是在家中工作或是在田裡工作，或是從家之外賺得的金錢收入，都放入家的共同基金中，而此支撐這個家，分家時也由有資格者來分取它（1955: 546）。

　　因為「家」的組成是為了增加整個家的利益，在分配與消費的層面上，經濟集體性最為顯著，因為家中所有的人都由共同基金供養。在生產層面上集體經濟較不明顯；有些成員讓家產繼續生產，而有些成員以各種不同方式在外賺取收入供應家庭。生產可以個人化，因為可以利用外面世界給予的各種有利機會來提昇家庭的福祉。

　　經濟角色的安排是「家」組織中一個重要的要素。提供家庭收入者與被撫養者（年長者、生病者或無能力者、小孩、學生）之間有明顯的對比。前者包括管理者與工作者；一個人可隨時轉換兩者角色或同時擁有兩種角色，但是在較大、較富有從事較多不同活動的家庭裡，分工就很清楚。通常，最重要的管理者角色是管理家庭會計事務的人；他是家中的會計師，也是掌管家中共同基金與其他財物的分配者。

　　掌管家庭經濟者不必然是家長，家長是一個既定的身分，由家中年長一代中最長的男子——父親或是長兄——擔任，他是「家」與外面世界交涉的代表。藍格（Lang）與麥克里維都同意家庭財務管理是個特別的角色，但不必由正式的家長掌管。根據藍格的說法，管理家庭基金的人如果不是家長，有一個特別的名詞指稱，家中成員賺得的錢應交給「掌管家庭財物的人——家長或是他的助手，家庭經理（當家），可能是男子也可能是女子」。（1946: 17）另一方面，麥克里維則認為家長與當家是同一人，但是家長是實際的家庭首腦，不必是年長的男性（同上引：543）。他總結日本人的田野研究，認為控制財政的家長不必然是年長的家庭成員：

> 日本調查者在中國北方的研究發現，有些例子由守寡的母親而不是其成年兒子擔任家長，較常見的例子是年紀較輕的成員，因他有較大的事業或能力而凌駕其長者被認定為家長（McAleavy, 1946: 542）。

　　儘管對家庭名詞有不同的解釋，藍格與麥克里維都同意財務經理的角色需要特殊的專門知識與責任；在菸寮的確亦是如此，有較大權威與負責管理家務的男性家長，不一定就是掌管家庭財物的人。

　　談到家群，首先要思考它的結構與大小。長期以來，家庭結構被認為有顯著的差異，就是現在學者經常提到「婚姻家庭」、「主幹家庭」與「聯合家庭」。第一次使用這些名詞描述中國家庭組織的學者是藍格（Olga Lang, 1946: 15），他的定義如下：「婚姻家庭」包含「男子與他的妻子或妻子們以及小孩」；「主幹家庭」包括「父母、他們的未婚小孩、以及一位已婚兒子與他的妻子和小孩」；「聯合家庭」包含「父母、他們的未婚小孩、已婚兒子（一個以上）及兒子們的妻子與小孩」。每一種形式的家庭都有「完整」或「破碎」兩種。「破碎」指的是缺少一些定義此形式的個人，如主幹家庭缺一位母親就屬「破碎」；如果父親也沒了，就變成婚姻家庭。根據藍格的說法，婚姻家庭可能減到只剩一人仍算是此形式的家庭，為了分析，單獨的個人被歸為此型很重要。藍格指出在某一聯合家庭中，父母已經死亡，最年長的世代包含幾位已婚的兄弟，通常稱此型為「兄弟聯合家庭」。待會我們會看到主幹家庭與聯合家庭共享某些特徵，而此乃與婚姻家庭差異之處，因此有時我將主幹家庭與聯合家庭放在複合家庭的類別中。

　　長久以來，我們都認為傳統時期中國漢人的家庭大多數為小家庭（到今日仍是如此），要確認與討論這個形式，我們只需參考最近對 20 世紀初收集資料的論述就明白。托伊伯（1970）分析一份至今尚未出版，於 1929 年在中國大陸 22 個省對 38,256 個農村家庭所做的調查；6 人或 6 人以下的家庭占所有家庭的 76%，占全部被調查總人口的 59.1%；而 7 人至 9 人的家庭占所有家庭的 17.6%，占總調查人口數的 25%（1970: 81）。整體而言，平均的家庭大小是 5.2 人（同上引：71），剛好吻合早期的發現「中國家庭的平均人數是 4 至 6 人」〔C. K. Yang（楊慶堃），1959a: 6〕。

　　一點也不令人驚訝，托伊伯的資料顯示 10 人或 10 人以上的大家庭占所有家庭的 6.5%，占全部調查人口的 15%。家庭的人數越不同，便有更多機會有不同的結構；而必須包含許多聯合家庭的巨大家庭，數目上不及小家庭多——小家庭大部分應屬主幹家庭或婚姻家庭——但若從不同家庭結構中的人口比率看，則大小家庭的差距便縮小了。托伊伯教授的分析資料沒有告訴我們家庭大小與結構之間的關係，她的報告只說明 62.8% 的家庭是「核心家庭」，包含父親、母親與小孩（1970: 81）。

　　到目前為止，我們分別討論了「家」的每一成分，現在要探討家產、家的經濟與家群之間的如何連結而有不同的結果。可以將每一成分由兩個可能的特色來說明。家群既是集中也是分散的；如果集中，家的每個成員都住在同一個家戶中，如果分散，成員則住在一個以上的家戶中。同樣的，家產也可是集中或分散的；如果集中，使用與開發家產的僅限於同一個家戶中的成員；若分散，住在不同家戶中的所有家的成員都可使用與開發家產。家的經濟可以是全都包含在內的，也可以是不包含的。包含的經濟是家的所有成員都參與其中，參與不一定只是生產者，依賴者也包括在內。如果家中有一些成員沒有參與家的經濟，那麼就是不包含經濟。在既有文獻上，並不重視家每一成分間不同連結的意義；整體而言，對漢人家庭的描述，牽扯或呈現一個家的存在時，家產常是集中的，家群也是集中的，而家的經濟是包含性的。我將顯示，事實上並非總是如此。

　　首先，包含性的經濟常被發現與分散的家產相關，不可避免地與分散的家群也相聯合。在《金翅》（*The Golden Wing*）一書中，林耀華（Lin Yueh-Hwa）描述唐林（Dunglin）如何成為他姊夫的伙伴，在他家鄉村落附近的小鎮上開了一家店鋪。整體而言，唐林的店鋪股份屬於他的家，就像村中的某些土地一樣。雖然唐林在店鋪工作生活（常常回家），他的妻子在村中與他的母親以及唐林的弟弟、弟媳和他們孩子的那一房同住（林耀華，1948：11ff）。家的經濟當然是包含性的：「因為尚未正式分家，店鋪的金錢收入，與家庭土地的生產一樣，仍然是共同的財產，屬於兄弟二人。所以這兩人由每人的工作中獲得利益，也一起計劃整個家的利益」（同上引）。

　　較大範圍的分散見於一個家分別在楠菁（Nanching）村與附近的廣州（Canton）市：

> 翁漢（Wong Han）是個有錢的地主，在村中有相當多的土地而且在廣州市有一間進出口公司。他六十出頭，與妻子、兩個妾、兩個結婚的兒子和兒媳婦、一個未婚的兒子、兩個未婚的女兒以及三個孫

子女都住在同一戶中，擁有共同的財產。雖然結婚的兒子與他們的妻子大部分的時間住在都市中的房子，而家庭整體實際上有 14 位成員。〔C. K. Yang（楊慶堃），1959b: 17〕

包含性經濟與分散的家群也可有集中的家產。在這樣的例子中，只有其中一個家戶中的家庭成員會開發利用家產；家群的其他成員由家產中獲得匯款或是匯款入家產中。傳統時期，大部分由家產獲得匯款者是受撫養的家人，如準備考試的學生或是小部分的學徒，他們要付給老師學費或繼續由家中獲得一些額外的生活費用。在外工作的官員、商人、工匠與領取薪資的工作者等，匯款回家是非常普遍的現象。在何炳棣（Ho Ping-Ti）描述仕紳家庭的興起與衰落時，有許多仕紳與有錢商人匯款回家的例子（何炳棣，1962：292、312）。

這樣的討論並沒有涵蓋所有包含性經濟的可能性，不過主要的形式已提及，我們現在來探討非包含性經濟。當然非包含性經濟一定與分散的家群有關；家群中的一個或多個成員經濟上獨立，且居住地也與其他成員分開。而其他成員則展示出不一樣的居住與家產的經濟連結，此與包含性經濟中家產的內涵是相同的。

我曾經考慮以家群成員的居住分配來取代處理這樣的家戶狀況。此處家戶是一種家庭的單位；費孝通（1939：96）稱此為「基本的地域群」，包含所有一起吃與住的人，包括寄宿者、僕人與學徒。但是根據先前的描述，菸寮的情況指出像這樣的家戶組成不太可能實行。在他們自己的家戶中，一個「家」的成員遠比其他居住者更牢牢被確認，一個家戶中非家的成分，其改變幾乎沒有規則性。一個家戶中家庭成員與其他人之間的實際關係每個案例皆有不同，如同他們經濟關係的性質一樣；非家庭成員的居住者可能要付租金，可能由此家領取工資，或只是此家單純的客人。他們沒有全然納入這個家的經濟生活，而且對其主人的家產也沒有權力（見 Fried, 1953: 83ff）。

　　然而家戶與「家」之間有很重要的關係，只有當家群主要居住在同一家戶中時，家庭組織才顯現出某種特性，對大部分分散的家群而言，此包含家群大多數成員的家戶，可用我所謂的「原生家戶」來識別；如果其他成員有他們自己的家戶時，那便是「第二個家戶」。為了說明所有重要的家庭形式，用來描述家群組成的詞彙，也可用來指涉家戶間分散家群成員的分布狀況。所以，一個分散的家群可能是「聯合家庭」，而其家群的原生家戶可能是「主幹家庭」等等。表 8 顯示家的組織元素可以不同的方式結合，而有不同的家庭形式。當然，一個家戶有幾種可能同時存在；但是可以很恰當地說，傳統中國特別是農村地區，壓倒性多數的家戶是集中家群，或者是分散家群的原生家戶。

表 8　各種家庭形式一覽

家群的居住分配	家群組成			
	獨立個人	婚姻家庭	主幹家庭	聯合家庭
集中	*	*	*	*
分散		*	*	*
家戶居住狀況	**一個家戶內家群成員的組成**			
	獨立個人	婚姻家庭	主幹家庭	聯合家庭
家群集中居住；家產集中、包含性經濟	*	*	*	*
分散家群的原生家戶；家產集中或分散		*	*	*
分散家群的第二個家戶	*	*	*	*
A. 參與家的經濟，利用部分分散的家產	*	*	*	*
B. 只參與家的經濟	*	*	*	*
C. 不參與家的經濟	*	*	*	*

關於家庭結構的變化，梅耶‧弗提斯（Meyer Fortes, 1949: 63ff; 1958）首先以「發展週期」來闡明這樣的改變，這個人類學概念值得我們注意。弗提斯批評典型的家庭結構研究幾乎沒有注意到家的發展過程；他指出我們必須「認清那些所謂的類型，事實上對每一社會來說，只是一個一般形式發展週期的階段」（1958: 3）。在每一個發展週期中，一個人會走過 4 個階段，最後一個階段就是「婚姻以及原生家群的真正或最初的分裂」（同上引：9）。

弗提斯的論點背後有 3 個假設。第一個假設是某一社會中家庭的發展或改變速率是固定的；第二個假設是所有家庭都會改變；第三個是個人的「生命週期」必定與家庭的發展改變拴在一起。如果這些假設是正確的，類型學（當然不是原型）可以說仍然很有用，亦即在複雜的情況下處理變遷狀況時，分類出家的不同變異型態，並給予特定標籤。然而，事實上當用在中國漢人的案例時，發展週期的觀念需要修正，而在這樣的背景下類型學的確很有用。

當我們用「發展」的詞彙觀察時，漢人家庭結構的改變可以很清楚地與家庭成員的改變區分開來。新的家庭形式由舊的分出；家庭因出生、收養與婚姻而變大；因死亡、婚出、被收養出去以及一些成員分出形成新家庭而變小。也有可能一個家庭會不斷補足它的成員而在結構上沒有改變，套句藍格的說法，家庭結構的變化只是在完整與破碎的形式間交替。

藍格（Lang, 1946: 10）與列維（Levy, 1949: 55ff）都指明，在傳統中國主幹家庭維持許多年是相當普遍的現象。貧窮與健康條件不良，使得許多家庭每一世代只有一個兒子長大成人，但聯合家庭要維持沒有成員分出去形成新家庭是很少有的案例；而要維持一個聯合家庭不至於無限擴張，每一世代的許多男子和他們的妻子兒女必須死亡或被排除在外。然而，很有可能至少某些類型的家庭可以維持著不分家；那麼，發展週期的探究方式用來分析這樣的案例，發展週期的意義僅等同於生命週期而已。

　　另一方面，因分家而產生的新家庭可能仍保留原來的形式，或者所有新家都是屬於較簡單的形式。列維主張，傳統中國新家庭最常形成的方式是經由主幹家庭（*famille souche*）分家而來，亦即分家造成婚姻家庭而保留了主幹家庭（1949: 55-56）；至於聯合家庭要能持久，到某個時期會需要有更多的婚姻、主幹或聯合家庭加入。

　　傅利曼（1961-62; 1966: 44ff）曾倡議，傳統中國可能有兩個基本的發展週期。其中之一，出現在比較富有的家庭中，其特徵是新的聯合家庭由舊的聯合家庭衍生，而同時也產生婚姻家庭與主幹家庭。另一個週期則盛行於較不富裕的家庭，首先因為高死亡率（許多案例只有一個兒子會長大成人）而阻止其發展超出主幹家庭大小的家，其次因為偏好，有眾多兒子長大成人的家庭中，一段短時間之後，兒子們就會分家。

　　有「貧」「富」週期的存在，也一定有介於中間者，這些家庭改變他們的經濟地位，同樣地也改變了他們的發展週期。傅利曼的研究方式事實上遠離了發展週期的原始意義；整個中國社會並沒有相同的發展週期，甚至在兩個建議的發展週期裡，也沒有一致的改變模式顯示家庭形式是發展階段的明確指標。

　　仔細說明以上幾點純粹是為了顯示，發展週期無法達到弗提斯說明家庭結構變異的目的。由時間深度來觀察，發展的觀念不是用來說明變異而是預測改變的有用工具。就本研究的目的而言，3 種家庭結構類型就可以包含所有的變異。由最簡單到最複雜的排列，改變從任何一邊展開都有可能。同時最全面的發展順序為：由婚姻家庭到主幹家庭到聯合家庭到兄弟聯合家庭，再回到婚姻家庭。

　　然而，其他許多順序也有可能。在表 9 中，我列出 1900 至 1965 年間菸寮主要父系群到分家為止的所有發展順序。分家之前可能正好達到聯合形式的家庭，分家後建立的家庭可能是婚姻家庭、主幹家庭與各種連結的聯合家庭，而仍然是主幹的家庭分家後則只導致婚姻家庭的形式。重點是這些順序沒有一個可單純由一般的家庭發展模式來解釋，而是要與影響這些發展的其他變數一起看才能瞭解。

表9　1900 至 1965 年間菸寮的主要父系群到分家為止的家庭發展順序

一開始的形式	中間的形式（如果有）	分家前的形式	分家後形成的形式	案例	分家後的家庭數目
婚姻家庭	主幹家庭	聯合家庭	婚姻家庭	10	23
婚姻家庭	主幹家庭	聯合家庭	婚姻家庭與主幹家庭	7	17
婚姻家庭	主幹家庭	聯合家庭	婚姻家庭與聯合家庭	3	6
婚姻家庭	主幹家庭	聯合家庭	主幹家庭與聯合家庭	2	5
婚姻家庭	主幹家庭	聯合家庭	聯合家庭	1	3
婚姻家庭		主幹家庭	婚姻家庭	5	10
婚姻家庭		主幹家庭	婚姻家庭	2	2[a]
婚姻家庭		聯合家庭	婚姻家庭	4	8[b]
主幹家庭		聯合家庭	婚姻家庭	2	6
主幹家庭		主幹家庭	婚姻家庭	1	2
聯合家庭		聯合家庭	婚姻家庭與主幹家庭	4	14
聯合家庭		聯合家庭	主幹家庭	1	2
聯合家庭		聯合家庭	婚姻家庭與聯合家庭	2	5

[a] 因父母死亡而改變形式。

[b] 婚姻家庭因家長的兄弟結婚而變成兄弟聯合家庭，而後分家又形成新的婚姻家庭。

　　當弗提斯區分家內與外面世界時，他並沒有考慮這些變數：

　　婚姻、繼承、繼任等等，是系統的內部事件，或者更具體的說，是屬家內群體的範圍；但是與外面世界的事件同時發生，此處家內群體被整合入整個社會結構的政治、法律與儀式層面中（Fortes, 1958: 6）。

　　弗提斯指的是使家庭有相同發展過程的背後因素，例如仲裁、規範等等。當借用這些因素來探討中國背景下的婚姻、居住與財產關係等等時，再一次地，它們是用來定義最全面發展順序的層面；它們無法解釋為什麼

不同家庭的具體發展歷史可以很不相同，而且在不同順序下產生的家庭結構可維持不同的時間長度。

弗提斯是從兩個範疇來探討家庭發展，但我們只聚焦於家中權力的分配，以及家庭成員法定身分改變，來研究家庭發展的重要過程。在家庭發展的每一時期，有一位擁有完全權力的家長處理所有家庭事務。大部分的案例，家長應該是父親〔見 C. K. Yang（楊慶堃），1959a: 10〕，在他主導的家庭事務中有兩個可辨認出的重要層面。如果家長希望他的家庭能維持完整而且能更富裕，首先他要指引兒子們的生涯規劃。隨著兒子們長大成人、結婚與進入經濟生活，家長的管理責任則轉向協調兒子們的活動，以便對整個家庭有利，以及保護與指導那些工作，讓家庭成為一個經濟實體。

第二個層面的家長管理本質，與他的兒子們成為完整的法定成人有關。我們已注意到兒子們對家產有基本平等的權力。根據傅利曼的說法，這種權力意指「每一個在這家庭出生或被完全收養的男性，由成為兒子那一刻開始，就是共同繼承人」（Freedman, 1966: 49）。事實上，當男性的共同繼承權因集體開發利用家產而加強與認可時，這些權力並非如傅利曼說的那樣一點都不能改變，就像男子可以「完全被家庭收養進來」，他們也可以完全被收養出去。第二章我描述在美濃區域傳統上有買賣、父系與姻親等收養方式；我注意到，通常男孩子只有在父母急需用錢的情況下才立即被賣出，而且在契約上明文規定這小男孩因收養而被取消對生家父親家產的繼承權。買賣的特殊情況暗示著，這個小孩被剝奪的家產其實沒有多少。父系與姻親收養則是很不同的因素，在這樣的例子中，父母將兒子給別人收養，常常是因為對親屬有某種義務，甚至是與他們有特別約定的結果；被親屬收養的兒子們可成為家產的共同繼承者，而此家產可能比那些被剝奪繼承權的家產還貧乏。經由親屬的收養廣泛分布於中國各地，這足以表明出生情境不能單獨決定男子共同繼承人的身分。[2]

2　可以引一個晚清山東（Shantung）的例子；在一份分家的相關文件中有以下的記載：「二兒子對家產沒有任何權力，因為他被『收養出去』，所以他不能將家產帶出去。」（引自 Johnston, 1910: 152）

　　我岔開主題談收養，因為它強調男性不是出生就是共同繼承者，而是成長才進入到這個身分的事實，而且這也喚起討論對家產的法定身分與權力之間一般關係的主題。我注意到在美濃地區男性可以遲至結婚之時才放棄對生家家產的一份權力，通常這是招贅婚的男子。不過這是事實，婚入妻家的男子通常來自貧窮的家庭，所以沒有什麼損失；另一方面，還有一種可能，大多數的案例是，分家時有資格平分家產者，有一些還是很小的小孩。在大部分案例中，他們假定不能獨立控制他們的那一份直到結婚以後，然而，可以這麼說，兒子或兄弟成為共同繼承人的身分，直到結婚確定為法定成人時才完全穩固；到這時候，他才第一次行使對家財富的主要權力，以家對婚禮的捐贈來宣示。這些讓他和他的新娘準確地建立了家中的半自治權，而這當中潛存著對未來某一天分家的權力。

　　根據菸寮的田野經驗我提出以下的看法：成為「大人」之前有兩個法定身分，「受撫養者」接著是「候選者」。法定受撫養者在家中沒有權力。他的父母有絕對的法定權威，包括透過收養或買賣來處置他，在這樣情況下法定權威類似讓渡。在家中他完全在父母的控制之下，至少理論上，他必須一直遵從父母。「候選者」身分關係著家庭對還不是法定成人成員的義務，其中最重要的就是資助婚禮。當處置了法定受撫養者後，明顯地這個義務可作廢，但是當受撫養者逐漸長大，處置他的權力似乎減弱，然而當他維持著受撫養者的身分時，他仍是在父親的權威之下。隨著受撫養者的逐漸成長，他與父親或是另一個擁有權威者之間的關係就約束力而言不再明確，而是有更多一連串要求權利與對抗權利的關係。兒子的要求權包含婚禮的資助以及最終有一份家產；而父親對兒子的要求是服從、奉獻家庭福利與貢獻家庭經濟。這段期間，兒子的法定身分是「候選者」，他大半受到家庭責任的限制，而此安排讓他終將會成為法定成人。

　　我比較不認為女性有「候選者」身分──至少在傳統中國沒有；就權威和處置權而言，女性做為法定受撫養者的身分似乎一直持續到結婚，雖然女性對其生家擁有要求結婚的權利。然而，在當代美濃，「候選者」身分似乎對男性與女性皆有同等的意義。法定成年由婚姻來表明，婚姻才完全確

認一個男子為共同繼承人，同時重新確定他在家中的地位。一位女子到新家成為妻子後才開始其法定成年期，隨其新職責而來的則是一些權利與殊榮（見第六章）。

我們現在可以理解，藍格分類出的婚姻、主幹與聯合 3 類家庭，事實上是根據經由結婚而穩固取得家產權力的共同繼承人之分布。但共同繼承者的不同組合，僅是造成每一種形式的家庭有特殊性質的部分因素。如果說共同繼承者的分布與家庭形式之間有關連，可用共同繼承者的分析觀念來理解家庭形式，有關家庭詞彙的使用是否適當仍有可議。傅利曼（1966: 48-49; 1970a: 9）相當正確地指出，中國（與印度）原本就有「聯合」財產單位（"joint" property-owning units）和這種家庭的型態，引進長期以來使用的「聯合家庭」這個詞彙，恐會造成更多的混淆。我已經指出，一個家裡不是所有的男性都必然是共同繼承人，所以我當然同意由財產擁有的意義看，「一個主幹家庭也是聯合家庭」（Freedman, 1966: 49），因此最好有一個新的型態學詞彙來取代聯合家庭。但是基於習慣以及為了取得標準化，我仍然使用舊的用法。

有法定成年兒子們的中國家庭，來到一方面要統一、另一方面要分裂的衝突，而持續緊張的關係中。主要分裂的力量正來自於兄弟們擁有對家產相同的權力，他們現在要選擇繼續在一起或是分開另組小家庭。似乎很明顯，因來自統一家庭的利益，特別是經濟上的，遠超過未來要分家的個體，所以這種狀況鼓勵繼續維持一個家庭。中國家庭容易受到經濟因素影響的本質，楊慶堃（C. K. Yang）有簡短的描述：

中國家庭……像是一個氣球，當有財富時隨時準備好膨脹。只要有足夠土地或其他生產形式用到結了婚的兒子，他們會留在父親的家戶中，財產與收入在父母的領導與權威之下共同管理，而且由小家戶擴張到「大家庭」的過程開始了。只要財富增加，家庭成員會進一步擴大，增加妾和他們的小孩。富有者比較長壽也加大了這擴張家庭的大小。富足的經濟是必要的構成要素，「大家庭」在大地主與富有商人間比在一般鄉民與工人間更為普遍。〔C. K. Yang（楊慶堃），1959a: 9〕

不論是否因家庭特殊經濟活動而延遲分家，分家的意涵對每一個家庭都是一樣的。分家是法律行為，財產分開之後許多義務也跟著結束。終究，分家後以兄弟為家長的各個家庭可能走好運，也可能厄運連連，而親屬間的責任也就難以預測。史密斯（Arthur H. Smith）非常瞭解分家的意涵，因為他：

> 被不容懷疑的事實嚇到：僅僅是一個分財產的行動，竟終止了不論多麼親近的親屬間的責任感。當我們問為什麼不幫助有一大群家人又沒東西可吃的兒子或兄弟時，通常的回答是：「我們不久前就已經分家了。」（Smith, 1970: 251）

在中國漢人的家庭組織中，分家的結果會使有些人處於矛盾的身分地位。經常，分家發生於父母一方或雙方都還在而且還可健康活好多年時，在這樣的情況下，年老的父母主持分了家，以兒子為家長的新家庭要共同奉養他們的父母。常見的協議是，父母輪流到新家去吃，而住在他們兒子同意保留給他們的住處〔Fei（費孝通），1939: 74; Johnston, 1910: 150; Smith, 1970: 251〕。某個意義來說，這樣安排下的父母可以說是好幾個家庭與家戶的成員；然而另一個意義則是，他們有點不像是任何一個家庭的完整成員，因為這種分家後，共同奉養父母的安排意味著父親對任何舊家產已不再有承繼權。在菸寮也有幾個類似的案例：父親年紀大了加上家產有限，在這樣的壓力下不得不放棄家長的權力；或者父親太老以致不能直接耕作屬於他的那份土地，兒子們又不願意特別為父母保留那塊地並幫其工作，通常這是在土地與其他所有物足夠時才會有的做法。由於分家後父母由他們的兒子一起奉養，而且事實上也被剝奪了家庭成員身分，我稱他們是「共同受撫養者」。

一位男子因為分家的性質，在分家的那一刻成為共同受撫養者。他的年齡不是直接因素，一般而言，在菸寮一個人的年齡與他擁有的家庭身分並非一對一的關係；財務管理由父親轉到兒子，法定成年的獲得和其他身分的改變，不是單純地與一個人的生命週期有關，而是牽涉到家庭的組織。如果分家產生了共同受撫養者，家中的決定經常會影響到一個學生是否繼續就學或是加入家庭的工作勞力。

　　不同的家庭發展模式不僅牽涉到家群組成的改變，也包含家群與家庭組織中其他兩個成分相互連結的改變。如我先前所提，學者通常討論的家只是有共同家群、共同家產和包含性經濟這類形式的家。在這樣的狀況下說明發展，我選擇有點武斷地去看一個家，分家後新成立的家，它包括一位男子、他的妻子與未婚的子女。他們從自己或租來的土地獲得收入。所有成員都住在同一家戶中，如果有其他收入，則與來自土地的收入合併使用。進一步假定，家產足夠養家與供給年輕一代的生活所需。孩子們都留在家中，直到成年；女兒結婚出去，長子（有兩個兒子）娶了媳婦。不久次子也結了婚。媳婦為家貢獻經濟而且有了他們自己的小孩。現在家群變複雜了，包含第二代的兩房。父母死亡，但是兩房繼續生活在一起一段時間。最後，每一房各自想要管控自己那一份家產，然後就分家了。

　　以上簡述的中國家庭發展經常被描述（見 Freedman, 1961-62: 347）。一個婚姻家庭進入到主幹家庭〔按藍格的定義，此不必然與列維（Levy, 1949: 55-56）所描述的主幹家庭（*famille souche*）模式相符〕，在第二個兒子結婚後成為聯合家庭，父母死亡以後變成兄弟聯合家庭。雖然由這個家的歷史看，家的 3 種成分彼此的關係沒有改變，在其他發展模式下，家庭成分的連結可能會改變。一種情況是家產與家群是集中的，而且家的經濟是包含性的，其中有許多可能性。西蒙（G. E. Simon）報導翁明責（Ouang Ming-Tse）家庭史時說明了一些（Simon, 1887: 209ff; Freedman, 1958: 23ff 引述）。西蒙紀錄了明責描述其祖父為家長時他們家的發展：

> 我的祖父當時並不富有……當小孩數目不斷增加，於是決定讓男孩去學手藝，到城市去以增加好運道。我的父親便是開始的那一位。他有六個弟弟妹妹，他選擇木匠的手藝。他的學徒費用被支付了三年，生活所需的供應直到他能維持自己的生活為止。然而，他很快就可以省下一些帶回家，參加每兩星期一次的聚會。其他三個兒子也跟他一樣，而我的父親用他們的存款增加農地規模，將範圍擴大，一旦他可以雇用其中一位時，就召回一位。只有最小的一位仍留在福州，而成為城中早期商人之一。（Simon, 1887: 226-27）

他父親的兩個哥哥，一個是政府官員，另外一個一直留在農場（Simon, 1887: 226）。哥哥如何成為官員不太清楚，也沒有指出為什麼最小的弟弟從來沒有回去。有許多年，這個家群是分散的。當男孩是學徒時，他們仍是家的受撫養者。接著是一段自我維持的時期，意味著不包含經濟，然後再加入到家的經濟，先是匯款回家，之後再一次參與家產的開發利用。沒有資料提供家產這邊與官員、商人那邊之間有沒有經濟聯繫。即使沒有這樣的聯繫，在分家要求一份家產時，那兩位仍是家群成員（同上引：230）。

雖然這是一個成功的故事，大多數的中國的家庭未必也能如此，但它的確說明了一些更重要的現象，從中可看出許多中國家庭發展的特性。首先是家群的開始分散，大部分是在家長考慮到家群年輕成員而做的決定。只有一個兒子的情況——我們注意到這很普遍——只有在極端貧窮〔見 Fei（費孝通）與 Chang, 1949: 272〕、天災或戰爭才會分散；在正常環境下，首要關心的事是繼續家產的開發利用。有多個兒子的貧窮家庭，分散通常是一種無情的必要，因為他們的土地無法供養許多人而被迫如此。無論如何，分散與以下的想法有關，經濟多樣化到非農業的活動上是達到成功的一種方法，而且有一些跡象顯示，貧窮者與富有者都認為這樣的安排很有利。貧窮者常常去嘗試，或希望能達成；而富有者經常站在有利的位置上成功地履行多樣化的計畫。在傳統時代進入官場也許是最重要的成功之路，家庭支持獲取此道，可能只是多方投資趨勢中的一個面向。下面這一段摘自周榮德（Chow Yung-Teh）在雲南省昆陽（Kunyang）縣的研究，頗有啟發性：「大家庭中，成員分布在不同行業中。一些從事農業、一些成為學者、一些變成商人。如此多樣化是仕紳家庭能有力量的原因之一。」（1966: 113）

周榮德的分析是根據 1940 年代所收集的資料，他的發現顯示：前帝國時期已妥善建立的模式持續了下來。何炳棣（1962：291）稱此多樣化的傳統傾向為「家庭勞力分工的政策」，他同時指出這在「明清時期相當普遍」。舉例來說，何炳棣描述一位男子在揚州（Yangchou）貿易鹽獲取利益後，為其兒子規劃生涯的方式：「他讓長子學習鹽的貿易……委託次子管理家庭產業……給他最聰明的小兒子最完整的機會認真讀書」。（同上引：290）

　　我認為多樣化的趨勢也存在於農民中，只是較不明顯。農民比較容易晚結婚而且較少小孩長大成人，所以許多情形是可用的勞力都被家庭土地耕作吸收去了。而很窮的農民，只有一點點或根本沒有土地者，所有的努力就是用任何可行的方式來換取微薄的生活所需。但是若給予一些土地，經由多樣化改善經濟的希望可以讓窮人有多生兒子的動力。楊懋春（Martin Yang）在山東（Shantung）鄉村的研究提到此：

> 出生在貧窮人家的兒子，他不被看做是分家庭土地的人而是要增加家庭土地的人……當兒子們長大成人，父母開始希望，一個為受雇工人，另一個為泥水匠，他們不僅能賺取他們自己的生活所需，還能每年給家中增添 50 元左右的收入。〔Martin Yang（楊懋春），1945：84〕

　　楊所描述的一個聯合家庭，有父親、4 個結了婚的兒子和他們的妻子與小孩，是成功體現多樣化期望的例子。家群分散，但家的經濟是包含性的而且家產集中：2 個兄弟在外工作且匯款回家，而另外 2 個繼續在家耕作家的土地。父親去世以後，這個家還繼續生活在一起「差不多十年」（同上引：238）。楊說明為何如此：

> 經濟理由特別被強調。兄弟們相信如果共同家產分成 4 份，沒有一個可以有保障的生計，因為每一部分的家產都太少了不足以維持 6、7 人的家庭。此外，留在家中的兄弟發現若沒有彼此幫助很難在田裡工作。（同上引）

　　當家群繼續集中也很有可能發展多樣化。然而，在農村努力多樣化常常，如果不是通常，意味著離開父母與家鄉一段長時間〔Fei（費孝通）與 Chang（張之毅），1949：27ff; Chow, 1966：117〕。嘗試讓家的經濟多樣化的人口移動，與因分家可能造成的遷移迥然有別。在菸寮有好幾個例子，兄弟在分家時將分得的家產換成現金，然後離開家到別處尋求好運。張士頓（R. F. Johnston）描述一個在清朝最後時期山東（Shantung）發生的類似狀況：

> 如果不斷分家的結果使家產變⋯⋯小⋯⋯或者因家庭太大平分家產
> 後每一位得到的太少不能維持生計，通常的處理方式是整個家產貸
> 給或賣給願意買的最近的親屬。得到的現金平均分給每位兄弟，他
> 們個別根據自己的天分，分別去尋求好運。（Johnston, 1910: 153）

在這種情況下，這些男子參與了家的解體；但那些離開家仍屬於原來
家群的人，則是關心提升家的存活與進展。

家群分散之後，接著的問題是成功或失敗。當然，富有者比貧窮者有
利，除非得到宗族或其他不屬於家的資金幫助，一個年輕人很難有機會在
科考中競爭。非常富有的人，即使想要追求官場之外的生涯發展，大多數
的例子是要有權力大的家庭成員支持，其所帶來的影響可以確保成功。學
徒制是造成家群分散的一個普遍方式。在此範疇內，某些位置更令人嚮
往，所以先前的聯繫與影響力也扮演了重要的部分。（見 Fried, 1953: 18ff）

從家的經濟看，開始匯款回家意味著成功，有很好的理由相信大部分
的人的確將他所得的一部分寄回家。楊懋春的研究說明了這點：

> 許多村民到城市工作⋯⋯賺錢寄回家幫助家買土地與蓋房子。如果
> 他們結婚了，他們的妻子與小孩留在家中。如果離家時尚未結婚，
> 通常會回家與家中幫他選的女子結婚。〔Martin Yang（楊懋春），
> 1945: 228〕

雖然上述文字可能言過其實，但還是提供一些線索，說明了為什麼這
種趨勢如此流行。讓一位兒子離開家，常常可以建立獨立於父兄的經濟。
史密斯（Arthur H. Smith）在山東（Shantung）觀察到此狀況：「這並非不常
發生，其中有一位兒子變得不滿意，於是拜託一位鄰居告訴他的父親，分
家的時刻到了」〔Smith, 1970: 251; 同時也參見 Johnston, 1910: 149; Fei（費
孝通），1939: 66ff 提供了中國中部的例子〕。然而，如果有這樣的事，也很
少在他結婚之前發生〔Fei（費孝通），1939: 66ff〕。在所有的可能性中，大
部分外出工作的兒子，年紀都還輕，所以父親的權威仍足以確保他們會誠
實的將所得的一部分寄回家，而且父親有令人信服的理由，務必讓在外工

作的年輕人盡量將最多的收入寄回家。先把供養的事放一邊，如果他的兒子有結了婚的兄弟在家工作，那麼就有可能分家。留在家的兒子對其弟弟的匯款也很渴望，這些匯款可讓他擴張家產或至少減輕租金或其他花費的負擔。結婚之後，在外工作者現在與他的兄弟合作，因為他為家產賺錢，他的兄弟為大家開發利用家產。所以婚前婚後，額外的收入來源，都貢獻給整個家產的維持，此得以對抗房與房之間發展出分化的趨勢。

如果匯款足夠讓家產擴張，可能可以提供在外工作者回家工作；或者因家產擴張到不同的地方可能形成（或維持）一個分散的家群，且建立新的家戶。翁明賣說他的弟弟現在住在福州（Foochow），但在村中買有土地，「由他的長子耕作」。他又說「當他放棄他的事業交給他的兩個兒子時，他很快就會這麼做，他會回到這裡」（Simon, 1887: 227）。上文中無法確定它僅僅意味著從一個包括家群的家戶轉到另一個家戶，還是暗示已分家。在人口流動高的臺灣，也可以觀察到分散的家產與相關的家戶情形。

可能許多——如果不是多數——外出的工作者失敗了。失敗不一定代表無法存活，因為成功的重要判準是存活下來還能匯款回家。事實上，失敗跟成功一樣，可能有時導致回到原來的家戶，這種回歸也有可能發生於戰爭或其他干擾之時。舉個例子，1933 年以前在南京（Nanching），約有 100 個「長期」移民的家庭。到了 1948 至 1951 年間，戰爭與經濟蕭條迫使許多移民回鄉，所以這樣的家庭數目減到 40 或 50 之間〔C. K. Yang（楊慶堃），1959b: 71〕。

所以，由於成員重回家的經濟與家戶的可能性，以及擁有共同家產，使得家群深具特色。而中國社會中人口的大量遷移，此與「橫向」或「上下」的社會經濟流動有關連〔Ho（何炳棣），1962〕，也或者遷移是為了達到社會經濟流動而努力，事實上這些都發生於家的框架中。這些因素，提高了家群前述特色的可能性。

家仍然是今日於寮基本的家事單位（domestic unit）。我曾經提及，臺灣保存了許多農業社會的傳統結構，是日本政府採用的政策、之後國民黨統治時繼續保留下來造成的結果。然而，必須說的是，中國政府根據其歷史

傳統，在面對家庭事務時比較不太貫徹既有的政策。當日本投降後，1945年前發展出的中國法律系統被應用到臺灣。新法律與日本頒布用於臺灣的很不相同，日本政府制訂法律但保留了許多早期的慣例。國民黨編成的法典，讓兒子女兒皆有同等繼承父親財產的權力。如果這樣的繼承權被廣為實行，那麼做為家庭生活框架的家，可能會被摧毀或重新認知後被修正。但是這部法律在都市區域可能還有一些可行性，而在農村社會，它（至少到目前為止）尚未被實施，若施行會逐漸損毀傳統的家庭組織。

在菸寮，家是主要財產擁有的單位，即使在當代法律系統中沒有家這類的法律實體。在當地的地政事務所中，大部分菸寮的土地是登記在個人的名字之下，然而有些土地，特別是住宅用地，由好幾個人共同持有。土地登記的方式與家的組成及擁有權有關，但沒有一項紀錄顯示家是擁有土地的單位，以及跨世代的土地轉換與分家相關連。

當地系統中財產關係與土地登記間的連結之一是，家的土地實際上登記在幾個成員的名下：父親、他的兒子，有時還包括孫子。父親死亡，有時幾年之後，他的土地才登記在他兒子或幾個兒子名下。由於這樣的地方慣例與當代繼承法律相衝突，解決之道是當女兒結婚或父親死亡時，女兒簽下放棄財產的權力。土地登記在家中男性成員名下，以及女性放棄對土地的權力，是到目前為止相當標準的程序。某個意義來說，這些是當一個在財產層面強調個人主義與性別平等的法律系統，當它威脅到傳統慣例時，原有習俗的反應。

我沒有暗示，在臺灣，政府頒布的法律成效不彰，雖然國民黨統治時期的中國大陸大都是這樣（見 McAleavy, 1955）。相反地，支持官方政策的土地改革法其施行目前已經展現了它的效力（見 Gallin, 1966: 93-98），同時，許多慣習只有在合法的情況下才能保留下來。有幾個見諸媒體的例子是，原告堅持提出違背當地習俗的繼承要求，結果法庭判定勝訴。這些案例發生於臺灣剛剛接受國民黨統治後不久，當事人是大陸男子及與他結婚的當地女子；當地女子在先生的鼓勵下爭取死去父親名下的財產。被告當然是女子的兄弟，他們被迫給予現金解決。在美濃確實發生多起女兒

要求財產而起的爭執，當一位女子嫁給大陸人時，她在婚禮之前要先拋棄財產繼承權。目前這樣的做法，表明了家權威的延續。這種對傳統慣習的威脅，源自於與某類男子的婚姻，這些男子至少一開始所處的社會經濟關係，不是在可以支持家庭組織的地方情境中。

　　關於目前菸寮所有人口的家庭安排之特色，我們現在可以提供一個概要的圖像。我在表 10、11 與 12 概述了至 1965 年 5 月 31 日前的狀況；首先，表上顯示，家庭事務無論如何都不會只限於村落內；儘管在菸寮有一個家在村中有第二個家戶（secondary household），約有 13% 的家庭成員沒有住在村中的原生家戶（primary household）中（表 10）。與大部分中國大陸與臺灣的文獻相較，菸寮的家戶形式是相當特別的；聯合家庭，雖然數目上比不上簡單型家庭，卻占所有家戶的三分之一，事實上包含了菸寮人口的 54.7%。聯合家庭的平均人口約 17.1 人，最小的有 9 人，最大的有 30 人。表 12 顯示，關於家的形式，事實上在原生家戶與整個家群間沒有多少差異；只有兩個家群，一個聯合與一個主幹家庭，因為太分散，所以在菸寮變成以一個主幹與一個婚姻家庭為代表。那麼多聯合家庭與家戶意味著，我們可以更快地歸納出他們如何組成；同時一個小村落內許多聯合家庭能持續地存在，也必定提供了重要的線索，有利於探索聯合家庭得以形成與繼續的背後一般原則。

表 10　原生家戶──家群的關係，菸寮（1965 年 5 月 31 日）

原生家戶	家戶戶數	住在家中的成員	不住在一起但有經濟聯繫的家群成員*	不住在一起也沒有經濟聯繫的家群成員	家群成員總數	住在菸寮家群成員的百分比
婚姻家庭	32	185	16	1	202	91.6
主幹家庭	14	127	13	10	150	84.7
聯合家庭	22	377	34	30	441	85.5
總數	68	689	63	41	793	86.9

＊包含在外的學生與服兵役的男子。

表 11　根據家戶關係的居民人口，菸寮（1965 年 5 月 31 日）

	家群集中的家戶或分散家群的原生家戶					
	婚姻家庭	主幹家庭	聯合家庭	總數	第二個家戶	共同受撫養者[a]
數目	32	14	22	68	1[b]	
總數的百分比	47.0	20.6	32.4	100		
所有成員數	185	127	377	689	8	8
所有家戶成員的百分比	26.9	18.4	54.7	100.0		
所有居民人口：705						

[a] 已經分成幾個家的兒子們共同奉養父母。

[b] 這個家戶是由 42 個成員組成的家維持的家戶之一，這個家經濟是包含性的，他們的原生家戶在離菸寮不遠的小村中。

表 12　家群結構與他們的原生家戶

		在菸寮的原生家戶		
家群		聯合家庭	主幹家庭	婚姻家庭
聯合家庭	23	22	1	
主幹家庭	14		13	1
婚姻家庭	31			31
總數	68	22	14	32

第四章　婚姻家庭

　　我們看到當家庭漸漸成長變得複雜時，家戶的居住方式可能會改變。在菸寮，婚姻家庭的成員最可能集中在數個家戶內，因為如果家庭成員只有父親、母親與受撫養的子女，對分散的限制會比較強。在這樣的情況下家庭組織是最簡單的，我將此歸為婚姻家庭發展的第一階段。在第二階段，孩子們開始為家的經濟貢獻；而另一選擇是子女離開原生家戶成為經濟自主的家群成員，這樣的安排我還是將其歸在第二階段。

　　在菸寮 20 個第一階段的婚姻家庭中，丈夫與妻子住在同一家戶同時組成整個的工作勞力；而丈夫可能有農場以外的工作，比起較複雜的家庭，家庭管理者與家庭工作者，這樣重要的角色較沒有清楚的劃分，同時家庭基金的管理在夫妻之間也一樣沒有明顯的區別。所有這些家庭，丈夫的支配地位與妻子的家務責任是明顯不變的。然而，從家庭發展的觀點看，思考配偶間的經濟關係，家家如何不同，以及如何被不同的經濟活動所影響，更為有用。

　　在第一階段，職業專門化某種程度上顯示工作角色上性別的區分，而此工作角色在家庭發展的過程中始終一致。只有男性可以從事大部分傳統性的非農業工作，如：木匠、金屬工匠、中醫等等，這些是需要專業訓練的工作。煮飯、洗衣、縫補衣物與照顧小孩主要是女性的工作。養豬是大多數菸寮家庭很重要的一項農業副業，每日飼料的準備與餵食是女性部分的家務例行公事。

　　在家庭農場的管理與耕作上，較不強調夫妻工作角色的區分。比較窮、只有一小塊土地的家庭，農場的工作區分也不明顯，夫妻經常在菸寮地區從事短期的工資勞力，而且對一些沒有土地的家庭來說，這樣的工作可能是收入的唯一來源。對妻子而言，不同形式的職業與她們的家內工作緊密相連，例如有一位婦女（C13 家庭）[1] 她照料一間雜貨店，同時這間雜

1　家庭的指示碼用於所有的菸寮家庭，列於附錄 A 中。

貨店也是她的住家，而另外一位婦女在家屋旁經營一個茶點攤（C16家）。這些婦女必須照顧小孩；她們幫忙經營家戶事業，比起那些有同樣家事責任又必須做農事或從事工資勞力的婦女，她們可以有較多時間來賺取收入。

　　我曾經提過在中國，家庭事業的分化傳統，被認為對家庭經濟有利。雖然我強調的是在複合家庭裡的分化，但是在菸寮，分化的趨勢事實上在婚姻家庭的第一階段就顯現了。（這不包括農耕或其他單一工作的情況下，去做短期勞工賺取工資；因為只有在用其他方式也無法補足不夠的收入時，才會去做短期工資的工作。）一個分化的極端是，只有一點點土地但有剩餘勞力的家庭，努力去滿足其基本的生活所需；而另一極端是，就整個家庭收入而言，分化是增加收益的安排，即使這樣的分化可能導致由於高勞力成本或生產降低而減低了農場的收入。用於分殊化的資源與企業家的技能每一家都不相同，分殊化的能力因勞動力規模小以及妻子限定於家戶性活動而受到限制。

　　20個第一階段婚姻家庭之中，有7個事實上已分化他們的工作。5個只有丈夫發展非農業專業的家庭中，有4個（C2、C4、C9與C19）家庭其丈夫是「自我雇用」且可以安排時間，以便在農場最需要人手時幫助妻子在農場裡的工作；而另一個家庭（C12）丈夫有全職的薪水工作，除了週末與假日外，他都在辦公室工作。我注意到分化的安排有某種不同的路線，經由家戶基礎事業的建立，使得妻子可以介入非農業的工作中。C13的家庭雜貨店與C8的碾糯米設備，由夫妻共同經營，而農場工作也同樣由夫妻分擔。將家庭事業的地點放在家戶中，讓妻子參與這樣的非農業事業變成可能，這是家庭勞力只限於兩人時最令人期望的。家庭C9在龍肚的裁縫店只由丈夫經營，妻子只從事農事與家事；裁縫店必須開在較多人居住的地點，經營者也知道如果他的妻子能幫忙，那麼3名伙計中有1個就不必雇用。

　　當談論到分殊化時，我們也不要忘了即使在農業中也可能有工作的差異，農業的擴張與非農業專業的發展兩者皆傳達了傳統的策略。為了說明一個第一階段的婚姻家庭相當投入在農場進進出出的經濟活動，我們再一次來看C8家庭葉柏彬（Yeh Po-Pin）的家戶。

柏彬（Po-Pin）與他的兄弟於 1960 年分家。分家時他們的父親還活著，但早在 25 年前就遷居廟裡，而且還切斷了與家人的經濟聯繫。分家讓柏彬獲得 0.43 甲的稻田、0.27 甲的旱田和一小片荒地；他還分得家族合院中的 2 個房間、一些豬舍和 1 間水牛舍。分家之前有 1 間菸樓與 0.90 甲的種菸草配額都登記在柏彬的名下。雖然登記沒有改變，但每一位兄弟得到原來配額的三分之一，同時繼續共用那間菸樓；他們也共同奉養他們的母親，她在每一家戶間輪流吃飯。分家幾年後，柏彬將他在合院中的兩個房間賣給他的兄弟，而且在他某塊田地的角落蓋了一間新房子；他也蓋了魚池和一間擴大的複合豬舍。現在他的稻田縮小到 0.30 甲，剛好夠種他的菸草配額。菸草收成後他種 0.20 甲的稻子，剩下的田地則種地瓜；他在旱田裡種甘蔗，畜養許多豬，而且魚池養滿了魚。

柏彬畢業於一所著名的農業學校，許多村民說就是因為這樣讓他農場的生產高於平均值。他所受的教育讓他有資格在菸寮與鄰近區域做獸醫的工作，他還在這些地區賣家畜的藥。他最近投資一臺機動化的碾磨機器，他和他的妻子主要用它來準備豬的食物，但也用來碾磨快過農曆年時當地婦女拿來的糯米。之前這樣的節日，在某個沉悶的下午，婦女們要花好幾個小時將米磨成粉來做甜年糕；但是現在只要付一點錢給柏彬就不必如此辛苦了（或者付給一家有類似設備的菸寮磨坊）。

家庭事業的一般管理，應與家庭財務的管理與控制區別開來。前者牽涉到家庭工作者的部署與家庭農場或其他事業的經營，後者關係著家庭的基金。

關於一般的管理，在第一階段婚姻家庭裡，丈夫至高無上的地位反映出男性支配的流行模式。然而管理的責任由夫妻共負，但有不同的程度。在比較窮的家庭，夫妻的權威幾乎平等，因為只有一點點或是沒有土地，還得依賴各式各樣的短期工資勞力來維生。此處管理牽涉到的是找工作，通常是以天為單位的工作；極端糟糕的經濟狀況幾乎讓夫妻倆有強烈的動機個別尋找與接受任何可能的工作。即使在這樣的情境下，丈夫的支配地位在某個範圍內因家長的地位而確定，因為至少他的位置可讓他獲得更多

關於工作機會的訊息。人們找工人會先找他，尋求代表其妻以及他自己的承諾；他也可以隨時到未來雇主的家中尋求工作。妻子自己找到的工作只占她一年內所有工作的一小部分，而她替丈夫找來的工作佔丈夫一年工作的比率更小。農事最忙的時期，通常妻子還沒確定丈夫是否安排她們的工作之前不願做任何承諾。

完全依賴農場的家庭中，大都由丈夫壟斷管理權（C1、C10、C11 與 C18）；他訂下主要農業活動的時間，安排雇用或交換勞力，以及指派農場工作給他的妻子。但是妻子無論如何不是被動的旁觀者；她完全瞭解農場的情形，也毫不遲疑的討論農場狀況，而且當她的丈夫生病時，她經常承擔所有責任或參與其他事物。當她參與收成或其他團隊工作時，其他工作者都能瞭解，特別是如果工人是被雇用時，她的目標是要注意他們的表現，也要做好她自己的工作。

分殊化到非農業活動的兩個模式，對管理責任的安排有不同的隱含意義。在丈夫專門從事非農業工作的 5 個家庭中，妻子管理農場的角色加大了。由於整年耕作的 C4 家庭與在不種菸草時節才耕作的 C19 家庭，其耕地面積小，女性只需從事例行工作如除草，而「自我雇用」的男性可隨時調整工作在農忙時節幫忙農事。C2 與 C9 家庭有較大的土地且種植菸草。其婦女常積極介入管理──有時她們還督導雇用的工人──而兩位男士則在最忙時期才回來幫忙；C9 家在龍肚有裁縫店，在菸草收成的那些天會關門，而且店裡的員工全都加入菸草工作的團隊。

C12 家的婦女比她的丈夫（有全職的辦事員工作）在督導日常農業活動時，扮演更重要的角色。她沒有別人可幫忙照顧她的小孩，所以沒辦法直接參與農場工作。她給予工人們指示，她家的工作全都依賴這些工人們，她則偶爾去監督他們。然而，她的丈夫雇用大部分的工人且在週末時督導他們。

經由建立家戶事業的分殊化，讓丈夫可以密切接觸農場工作，同時也讓妻子參與非農業的管理。這樣的安排在 C13 家中表現無遺，C13 是菸寮婚姻家庭中擁有最多土地者。其土地只種長期的作物，包括甘蔗、香蕉與

果樹，而且全都雇用工人來耕作。除了吃飯時間外，夫妻很少同時出現；如果丈夫在店裡妻子就在田裡，但是如果妻子照料店鋪，丈夫正好可以外出辦事。丈夫依然是家中主要管理者而且掌管大部分的事務，如向批發商購買物品與召募耕作工人等。

男性的支配地位也是第一階段婚姻家庭財務管理的特徵，但是同樣的，在這個支配所表現的內涵上仍有相當大的差異。這樣的差異很明顯因為在於寮通常資金必須保存於家戶中，而且要讓丈夫與妻子皆可容易取得。大多數的家庭都遵守這個規定，但是有少數沒有共同的現金儲存，而且這當中，男子願意以此方式處置所有的錢，仍有相當大的變異；而那些可以直接從錢櫃取得現金的妻子，通常多多少少對家庭基金有不同程度的掌控。

家庭基金處置方式的不同，部分因素著眼於家庭經濟的特性，另一部分則是經濟上的考量。經濟特性的元素在於家庭賴以維生的是農業，或是非農業的家戶事業；若屬後者，因為這樣的職業讓一位男子毫無障礙地將所有收入放進自己的口袋。C14 家庭就是這樣的例子。丈夫是理髮師，喜歡賭博、喝酒、到酒家玩女人。他在店裡工作時將賺得的錢放在抽屜裡，離開時把所有的錢都帶走。只有在妻子需要家戶開銷時，他才會給妻子錢。

經濟因素中決定財務管理的是家的財富與職業狀況。較富有的家庭將金錢放在銀行或是農會，這樣比投資安全；而丈夫掌管存入與提領這些基金。他們的資產包括妻子活動的收入，而這樣的情況下隱含著共同管理事業的存在，所以很難或是不可能讓丈夫一人獨攬財務。舉例來說，C13 家庭經營雜貨店需要大量的錢，丈夫與妻子皆容易經手。當丈夫在農場監督或外出辦事時，面對顧客或批發商的購買、信貸與付款，妻子必須當場做出決定。

C8 家庭的家長是葉柏彬，他的妻子對家中財務較少插手。柏彬直接控制家中收入，包括他的獸醫工作收入，以及監督銷售豬隻、菸草與其他作物的收入。他也監督魚的銷售與處理糯米的事情，但是這些收入都是先進

入他妻子的手裡再交給他。柏彬掌管家中的所有的投資，或與支持家庭事業有關的開銷。只有一小部分的錢放在家中，讓妻子用於食物與其他日常開銷。

在 C12 家中，一般管理與財務管理之間有明顯的區別。林同興（Lin T'ung-Hsing）他的妻子與 4 個學齡前的小孩，一部分靠林在農會的職員工作，另一部分則是 0.63 甲的家庭農場來維持生計。他們沒有種菸草，而是雇用工人種兩季的稻米與一季「冬季」的地瓜，同時照例由妻子負起養豬的責任。財務的控制全在林的手中，雖然我先前提到他的妻子在農場管理上為支配角色。林部分的薪水用來付清累積賒欠的債務，剩下的全都落入他自己的口袋。林也控制其他家庭收入──經由農會處理農田生產與豬隻而得的收入。因為沒有家庭的錢櫃，林的妻子必須直接向丈夫索取生活所需或付給工人的錢。

當只有夫妻倆是生產者時，家庭經濟便是處於最單純的狀況。婚姻家庭發展至第二階段，當其中一位受撫養者成為生產者時，情況就改變了。在第二階段父母仍扮演重要角色，他們倆之間在經濟及關係上與前期大同小異，不過現在他們在經濟上的責任與有工作的孩子明顯有別。

在菸寮 12 個第二階段的婚姻家庭中，有 7 個（C21-27）所有的孩子都還是單身，其餘的有些兒子已與他們的父親分居（C28-29）或女兒已出嫁（C30-32）。未婚對家庭經濟有貢獻的孩子，將收入交給父母或者為家中事業工作，即使可以也僅能在家庭財務管理上參與一點點。如果有共同的家用基金，他無法直接取得；他得到的任何錢不是來自父親就是來自雙親，端看他們的家用基金如何管理而定。

相較於第一階段中的丈夫，第二階段婚姻家庭的男性家長，其扮演家庭財務的管理者的角色更為突顯。尤其是如果有未婚家庭成員在外工作時特別明顯，因為在正常情況下，父親會期望拿到他們的收入。我的研究顯示，在菸寮每位與父母住在一起領有工資者都會將工資交給父親（至少只

要父親知道者皆會）。所有這些住在家裡的工作者都屬於短期勞工，他們的工作經常在菸寮或是附近；他們的父親毫無困難就可知道他們賺多少錢。雇主幾乎都與工作者的父親熟稔，當雇主找尋工人時，他們通常接觸這些父親，而且有些直接將兒子的工資付給父親。父親對兒子經濟活動的控制因地方社會背景而被強化。通常外出工作的兒子不得不接受這樣的苦果，還好他們仍可保有一些私房錢來買東西與娛樂。有幾位供應家庭財務的男子對我說，他們可保存的私房錢大約是他工資所得的 20% 至 30% 之間。由於短期工資通常一天不會超過臺幣 25 元，所以最多可留下臺幣 7.5 元；大部分這些男子一天會花臺幣 5.5 元去買一包最熱門的品牌「新樂園」的香菸。

未婚工作者若沒有住在家裡但仍住在村子裡，父親對他的控制仍然一樣強。一位 C31 家的男孩和另一位來自聯合家庭的男孩是全職僕人，吃住都在他們的主人家中，一個為住在自己合院裡的親戚工作，另一個為沒有親戚關係的鄰居工作。兩個雇主都將這兩位工作者的工資扣除一些零用錢給當事者後，直接拿給他們的父親。

在婚姻家庭的第二階段，重新分配系統首次出現，它在較複雜家庭的經濟生活中仍然非常重要；重新分配者與財務管理者的角色可能都是父親，或者不同程度裡與他的妻子共管，但肯定不會與他們的孩子共管。孩子拿回家的錢父母會做各種不同的處置，只有在特殊的情況下，他們才能在父母那兒拿到錢或者其他形式的支持。所以當賺取工資的人花費一大筆錢時，事實上他們是在使用重新分配的家庭基金。C21 家的一位年輕男子是菸寮的工人之一，他花了好幾個星期，將一塊有錢人家的不平又多石頭的土地，改變成可以種水稻的田地。他賺取的錢買了一輛遠比他之前騎的又破又舊好很多的二手腳踏車，但是買這輛車是經過他守寡母親的同意，而且是在錢經過母親的手之後才買下。

在第二階段的婚姻家庭中，夫妻間的關係又加上了重新分配的角色，於是變異的情形更為增加。看一下 C29 家庭的特別安排，應該足以說明到目前為止所討論的經濟組織成分間彼此的相互連結。雖然郭薰來（Kuo

Hsun-Lai）4 個年長的兒子現在是個別獨立家庭的家長，但他自己的家仍然包括他的妻子、女兒和另外 3 個兒子。郭有一個兒子在空軍，另外一個在中學唸書；其餘 2 個孩子與郭和他的妻子一起為家出力，而妻子主要的工作是家事。郭 63 歲，讓他的孩子在 0.60 甲的家庭農場中做粗重的工作，同時他們在外的工作收入也加進家庭收入中。郭和他的妻子兩人都有一把櫥櫃抽屜的鑰匙，此抽屜是家庭基金儲藏的地方之一，另一個儲藏所是郭的襯衫口袋。抽屜中現金的添加與提出由郭視情況而定，他的妻子拿錢出來自己用或給孩子用時要向郭報告，孩子們也可以向郭要求使用基金。郭收取家庭成員在外賺的錢。他的兒子常常在水果生產合作社地方分部當香蕉打包工人；他將所得交給他的父親，同時附上一張載明合作社列出工作時數與工資數目的紙條。郭說他認識雇用他孩子的當地農夫，也知道他們所付的工資。

第二階段婚姻家庭的成員，有 3 個未婚而在菸寮外居住與工作賺錢（C22、C25、與 C27）；他們不像在村中的工作者一般被嚴格控制，但是其中 2 個（一個是女子）固定匯款回家（C22 與 C25），所有 3 人都在重新分配框架內，以其在經濟上的義務，與菸寮的家保持聯繫。一方面他們根據他們的收入以及家庭需求的考量下，被要求寄錢回家；另一方面他們得到家庭其他成員相同的支持，當他們生病、失業或被其他問題困擾時，可回到菸寮的家中。

當父親開始為他的孩子們規劃工作生涯時，他的權威轉成為了家而要求孩子們未來的收入或勞力；這個要求現在被孩子們反過來強調要在適當的時機給予一個適當的婚禮。當婚姻家庭轉為複合時，經由清楚定義的經濟角色，重新分配的關係仍能維持井然有序，而這是任何一個家，其工作成員不再只是夫妻時的特徵。但是在複合的家庭中，重新分配的安排，被男子結婚後留在生家而得到的新成人權力所維護，而女子進入她丈夫的家戶後也因此得到維護。

第五章　複合家庭組織

在複合家庭中，成年男子間的連結關係取代了成人做為家庭組織中主要供養者而支配年幼者的現象。已婚男子在家中具有同等的法律地位，就是說每一位都是家產的共同繼承者，可以要求屬於他的部分。這些男子必須滿意彼此的行為。在這樣的脈絡下，我們首先要思考一些情境，在此情境下一個家群發展出的家產是集中的或是分散的，還有家的經濟是包含性的或是非包含性的。

當兒子們還是法律上與經濟上的受撫養者時，父親的決定對家群未來的居住與經濟安排有重大的關係。這些決定中有許多關係著兒子的教育，有些例子可能因家庭貧窮或需要勞力而終止了教育；有些可繼續受教育，因此可確保他未來有工作，而同時家庭的消費會被減到最小；另外還有一些，兒子可得到完全的供養而且被鼓勵盡其所能繼續更高的教育。[1]

對於男孩教育的某些決定，會發展出經濟上非包含性與居住分散的家群。表 13 列出經濟上自主的 40 個人，但他們屬於菸寮的家群，其所屬的原生家戶有 1 個是主幹家庭，有 6 個是聯合家庭。其中 11 位男子的父母所擁有的工作，可以讓他們的兒子繼續學業，因此畢業後他們可以有資格獲取較高薪水的職業。J18 的職業軍官與警察是兄弟；他們的家可以供給他們在美濃讀初中，但家裡沒有足夠的錢讓他們進一所好高中就讀。他們也無法被家庭勞力吸收，因為家中勞動力已經過多，而且還需靠做農的工資來補足家庭收入。兄弟倆受到父親的鼓勵，參加省立師範學校的入學考，師範學校是免費的而且保證畢業後可以當小學老師，但是因為競爭激烈（現在仍是）他們沒有考上。然而他們的家庭下定決心要確保他們獨立的生計，便將他們送到鄰近的旗山高中就讀，旗山高中的入學較容易，但是

1　在臺灣，小學 6 年是義務教育，而托兒所與幼稚園愈來愈普遍；小學畢業後，學生可繼續讀 3 年初中與 3 年高中然後進入大學讀 4 年；或者初中畢業或高中畢業後進入 3 年到 6 年的技職教育學校就讀。（譯註：此約為 1965 年時的學制）

針對大專院校入學考試，它不是合適的訓練場所，畢業以後兄弟倆的選擇很有限。現在是警察的哥哥壓力較小，他參加培育中學老師的省立師範大學的入學考試，而且也參加一所軍官訓練學校的考試。他被後者錄取了。但到這所學校就讀畢業後有義務要在軍中服役好幾年，大多數的男子不嚮往這樣的生涯，所以他說服家人讓他留在家裡，一年後試著考警察專科學校。弟弟只被給予一次參加入學考試的機會；他被告知，可進入任何一所會接受他的免費學校。

期望減少靠家庭資產而生活的人數，也是影響 J11 家那位警察生涯的一個原因，雖然他的父親允許他參加好幾個高中的入學考，也供給他上「補習班」。[2] 但是重複失敗讓他進了旗山高中，一畢業就服兵役；一服完兵役他就立刻被家裡要求去考警察專科學校。

表 13　有複合原生家戶在菸寮的經濟自主家群成員

家群	自主單位	居住地點	職業	受撫養者	
				男性	女性
S4	夫、妻、4 個小孩	高雄市	夫：港口官員 妻：藥房經營者	2	2
	夫、妻、1 個小孩	屏東市	夫：鐵路管理部門幹事 妻：家庭主婦	1	
J4	夫、妻、1 個小孩	巴西	夫：種花 妻：丈夫助手	1	
J5	夫、妻4 個小孩	高雄市	夫：郵局辦事員 妻：家庭主婦	2	2
	未婚兒子	高雄市	煉油廠工人		

2　"Supplementary session" 就是補習班，是私人的教學課程，學生若想比同儕更有競爭力必會參加。補習班的課程，上學期間通常是在下午、黃昏或是週末，以及大部分的暑假。學生如果沒有通過高一級學校的入學考試，而他們的家庭負擔得起學費的話，學生會參加一整年的補習班準備下一次的考試。補習班的指導通常可以補貼小學與中學老師的收入，老師們可以吸引大部分他在正規班教的學生。

（續上頁）

家群	自主單位	居住地點	職業	受撫養者	
				男性	女性
J7	夫、妻 3 個小孩	高雄市	夫：警察 妻：家庭主婦	2	1
	夫、妻 2 個小孩	高雄市	夫：煉油廠工人 妻：家庭主婦	2	
J11	夫、妻、 1 個小孩	臺北	夫：警察 妻：家庭主婦	1	
J18	未婚兒子	高雄市	警察		
	未婚兒子	臺南市	職業陸軍軍官		
J19	夫、妻 5 個小孩	新威村（Hsinwei， 高雄縣六龜農業區）	夫：經營中藥店 妻：丈夫助手	2	3

　　現在經濟自主的另外 8 位男子，沒有一個是大學畢業。其中 5 位唸完初中後進入 5 年的農業或技術專科學校，決定不念高中是因為沒法進入可以為進入大學做好準備的高中；有 2 位受的教育是在日據時期，他們畢業於兩年制的技術學校，在當時小學畢業後只有少數臺灣人可以進入此校就讀；另一位 J19 家的男子初中畢業後沒考上高中，就去一家中藥行當學徒。

　　這 8 位男子的教育得到資助，生計也可能得到供應，而且滿懷希望地將以改善與多樣化的技能來增進家庭的財富；但是家庭的計畫必然要面臨外在的因素，如學校系統與職業市場，這些可能對家庭組織與形式有決定性的影響。J14 家的男子移民到巴西，由於他的技術訓練讓他有資格合法地接受正式的「工作提供」，所以拿到移民許可；這種由巴西「公司」提供的「邀請」，是 1964 至 1965 年間從臺灣移民到巴西少數合法的方式之一，而且通常只要付錢就可以有移民許可。6 位在政府單位工作者，都是因為有學校證書才得以參加考試，通過考試後才得到現在的職位。這些人擁有的這類政府職位很令人嚮往，因為他們的工作地點在大都市，有許多附帶的利益；特別是免費宿舍就是直接的福利，它激勵大多數男子攜帶妻子與兒女一起過來，因此兒女可從都市裡獲得更好的教育。

考試成敗對家庭發展的重大影響，我們可以舉 1946 年的一個例子來說明。日本政府投降後一年，當時臺灣省政府第一次（也是僅有的一次）為了直接招募公務人員而舉辦考試（從那以後，只有資格檢定考試）。3 位技術學校畢業的菸寮人參加了這項考試；2 位通過考試，其中之一來自 S4 的家庭，他現在於屏東臺灣鐵路局工作，他的妻子與小孩都跟他一起住在屏東；另外一位來自 J7，在高雄擔任港務警察工作，與妻小都住在高雄。沒有通過考試的那位留在美濃鎮公所工作，他仍與父母同住在菸寮，他的妻子則在家庭農場幫忙。這 3 位男子每個月領到將近新臺幣 1,200 元的薪水，還有食物代金與小孩的教育補助費。

在經濟自主的男子當中，3 位分別來自 J5 與 J18 的男子尚未結婚，我們在第四章中看到屬於此範圍的人，的確將一部分所賺的錢寄回菸寮的家，寄回的總數與原生家戶家長的預期相近。但是，8 位離開了原生家庭，在居住上與經濟上皆已經獨立的已婚男子，他們跟原生家戶間的關係就複雜多了。這些男子與妻小在房（fang）的基礎上住在菸寮之外；就像這些男子沒有寄錢回菸寮的原生家戶一樣，他們這一房的受撫養者也沒有得到「家」的資源。同樣地，這些男子沒有事業或其他資源可以賺錢，他們的家用完全依賴他們的工作。只有 J19 家的男子從事沒有薪水的工作；不過，事實上他開了家中藥行，裡面的設備與藥材都由家的基金投資，而且這份事業屬於家產的一部分，其他家庭成員似乎也相信，中藥行除了支持住在那的一「房」生活所需外，沒有產生多少的盈餘。一位 S4 家的男子，其妻擁有與經營一間藥房；由於她是婚前就已擁有這間藥房，就家的經濟而言，她的情形屬於特例，我們在第六章再討論這個情況。

已婚與妻子、小孩住在外面的男子，沒有工作以外的收入而且也沒有匯錢回家，反映了以下事實：就像那家中藥行是家投資的事業一樣，他的工作也可以視為家投資的結果。所以，一位男子用他所賺得的錢供養他自己的妻子兒女，對家中與他同等地位者來說，就如同是用家的基金來達成家的義務。如果男子發現他的收入超出他這一房成員的生活所需，他被期望應該將多出來的錢交回給原生家戶做重新分配；但在一致同意的生活所需之外，經濟自主的第二家戶沒有多餘的錢拿回家，這樣的情況也是有的。

整個家群即使它包含一個以上的經濟自主單位仍然明顯可見，因為有許多形式的互動可連結這個組織內的家戶。家群裡的成員，以原生家戶為活動的主要核心，經常來回拜訪且在彼此的家中用餐。所有的成員都會回菸寮的原生家戶慶祝農曆年——除了在軍中服役的男子、不在臺灣的人、以及那些必須留守看管在外家產的人之外。在此期間，家的成員會一起住、一起饗宴好幾天，而這樣的回家的確會讓家過份擁擠。這種情形在 S4 的原生家戶最為嚴重，他們平常住 9 個人；1965 年農曆新年期間，則多住了兩房平日在外自主生活的 9 個人。

雖然家群成員在其他事件時也會聚會，譬如婚禮、喪禮或者地方性宗教祭典時，不過這些場合也有其他的親屬與朋友，以客人身分參加或扮演儀式上的角色；例如，喪禮中服喪儀式中父系親屬都會來，不管是屬於那個家庭。只有在農曆新年時才以「家」為單位祭祀祖先，一起吃與一起住。農曆新年的元旦每個人都被期望與家人在一起；一般人不會在別人家吃飯，也通常不會招待非家庭的成員。雖然孤獨的個人（如單身的大陸人）會參加這樣的新年家庭宴會，但他們被認為處於不幸的狀況。

年度的家庭聚會，儀式性地強調了大家屬於同一個群體，事實上家一直被其成員間持續地義務連結在一起。我之前提到，無論住在哪裡的家庭成員，回菸寮行婚禮時都可支用家的基金；這當中包含從來沒有給原生家戶匯款的成員在內。基於某種特殊原因，經濟自主的家群有時會代替菸寮的原生家戶承擔部分開銷。菸寮 J17 的聯合原生家戶包括由第二代兄弟為家長的 3 個房；另有兩個同一代的兄弟在高雄工作，分別與他們的妻小住在兩個不同的家戶中。仍在菸寮的兄弟有個兒子到高雄求學，他輪流在他的伯叔處吃住。類似地，S4 家的兩個姊妹分別在不同時間到屏東求學，期間住在他們哥哥的家中。

所以，即使在經濟與居住分開的情況下，家群在社會與法律上仍繼續是個完整的單位。但是追根究底，家的完整性與家產有關；家群的成人，無論是否直接與家產有關連，都一起享有這份共同資產；對他們來說，

要繼續共同持有這份家產，很重要的是必須符合他們個別的利益。一般而言，男子都知道只要理由正當，他們都可以求助於家的資源或是回到原生家戶中。大部分的例子裡，男子是因為生病或經濟失敗帶著妻小回到菸寮，當然也有可能是為了更好的經濟生活而返鄉。

家產對家庭完整的重要性，可由我在菸寮時 J4 家的案例看出，當時這個家庭在居住與經濟上發生了巨大的變化。此家包含一位父親與 3 個結婚的兒子，最小的兒子就是去巴西的那位；1964 年之前兩位哥哥住在菸寮家戶中，而小弟與妻子及小嬰兒一起住在屏東且在那裡工作了好幾年。1964年初他帶著妻小回到菸寮，完全融入原來的家庭經濟中。當年 2 月他移民巴西，但他的妻小一直到 1965 年 6 月才移居過去；再一次，這個家又成為包含兩個自主的家戶。當他第一次向家人提出移民巴西的計畫時，父親與哥哥都反對；他們不認為他能在巴西有所成就，尤其是父親拒絕以家庭基金資助他去巴西。然而，弟弟非常堅持，他向他的父親揚言如果得不到家的支持，他要求分得他那一部分的家產同時賣掉以換取資金。此刻，父親與哥哥只好投降；於是從家庭基金裡拿出一部分錢，同時賣掉一小塊山坡地，但是家庭農場仍保留完整無缺，家群也存活下來。每一個人的心裡毫無疑問地認為，直到弟弟的妻小有能力離開臺灣前仍會留在菸寮。事實上，弟弟有權要求資助；雖然會造成很大的痛苦，而結果是獲得家庭基金的投資。留在菸寮的家群成員仍然難以相信這一房在巴西會成功，但是他們當然希望他能發展順利，而且他們也認真地認為他仍然是家的成員。而我最近（1971）獲得的訊息是，他已經開始匯錢回家。

如果我們能瞭解，不需要所有成員都參與共同的預算安排，才能讓分散家群的成員凝結在一起，我們就更能掌握家庭組織的經濟面向。從家庭安排與外在因素之間交互作用產生的各種可能性，可以對非包含性的經濟進行完整的思考。由此觀點看，非包含性經濟在許多層面與家庭經濟拓展有關。在共同使用同一份家產的情況下，家庭勞動力的增加遲早可能會造成收益的降低；如果部分家人在其他地方找到工作，就可能會增加經濟收入，來自家產的收入就可以少用些在維持生計並用於再投資。對家產較少

的家庭來說，家人到外面發展也是有利的，即使家產的收益只夠讓留在原生家戶的人維持生活所需；移出者若成功便可以自行維持自己的生計，一旦失敗時仍可以回到老家靠家產過活。如果家產拆分後小到不足以維持任何大小的家庭，那麼上述的狀況比較讓人期望。

分散的正面利益是，當家產缺乏壓力時可做為拓展家產的策略，正因為家庭成員在經濟上的努力雖然個人化，但家群仍然維持統一，所以對一個家有利。所以非包含性經濟是多樣化策略的一種表現；而它的動機可能是由於艱困，也可能是拓展的野心，或者兩者兼具。

我在菸寮的時候，有 4 位不住在菸寮而拿薪資的工作者匯款回到複合的原生家戶中。表 14 顯示每位匯款回家的背景非常類似；每位工作者都已婚，他們的妻小仍留在菸寮的原生家戶中。我們已經看到，一位男子在分開的家戶住，但用自己的工資養活自己的妻小，可是並沒有匯錢入家庭基金，同時我也暗示這樣供養妻小的男子事實上符合對家的義務；順著這樣的道理，男子將妻小留在老家，他也不必寄錢回家負擔他們的吃住。這樣的開銷是每個家庭成員都享有的，不論是居住在外男子的妻子，還是老家中參與家庭農場或家戶工作的其他女子，都一視同仁。

表 14　居住的安排與在外薪資工作者匯款給菸寮原生家戶的關係 [a]

家群	職業	工作地點
S10	中藥店領薪資的員工	吉洋（Chiyang），美濃鎮
S12	卡車司機	高雄縣杉林（Shanlin）農業區
S14	卡車司機	高雄縣甲仙（Chiahsien）農業區
J6	空軍軍官	臺中市

[a] 每個例子中工作者的身分是已婚的兒子，住在工作地點。他的妻小住在原生家戶中。

J6 家的空軍軍官將妻子送回菸寮，是回應其兄長的緊急要求，其兄抱怨家庭農場缺乏勞力。妻子、小孩離開他，每個月他有義務要從他臺幣

1,000 元的薪水中寄 600 元回菸寮的家中。這位空官有免費的宿舍，經濟較寬裕，其他幾位在外獨居的男子，主要是因為負擔不起在外建立一個新家戶所需的經費，所以讓妻小住在老家。

5 個原生家戶在菸寮，其不住在菸寮的家庭成員仍直接使用家產，表 15 中我簡略描述這些人的工作狀況。大部分的例子，分散的居處與分散的家產相吻合；只有 J14 家 2 位不住家裡的人與原生家戶的成員一起工作。然而這 2 位農夫不住在菸寮是因為家庭事業的擴張，他們的情形與列在表 15 的其他人一樣是「經營者」。而在剩下的 10 位當中更明顯，因為他們與家產擴張的分布一起而分散居住。所有位於菸寮之外的事業都是由家庭基金投資建立，因此與原生家戶有非常緊密的關係。

表 15　居處安排與分散家產的關係，菸寮，1965 年 5 月 31 日

家群	事業經營者的身分（與家長的關係）	事業	所在地	配偶與小孩的居處	
				在事業的地點	在原生家戶
S13	已婚兒子	貨車	屏東縣高樹鄉	經營者	妻子與小孩
J2	已婚兒子、媳婦、他們的長子	宿舍與農場	屏東市	3 位經營者；經營者的其他小孩	
J14	已婚兒子與媳婦	農場	菸寮附近	兩位經營者；他們的小孩	
	已婚兒子	貨車	臺北	經營者	妻子與小孩
J19	已婚兒子與媳婦	中藥店	高雄縣六龜鄉	兩位經營者與他們的小孩	
J22	未婚女兒、已婚兒子、另外一個已婚兒子的妻子	雜貨店與農場	美濃鎮九芎林（Chiukunglin）	3 位經營者	已婚經營者的配偶與他們的小孩

這種關係的一個面向反映了：在外事業的經營者、他們的妻子與小孩缺乏居住在一起的一致模式。一個家是一個具有凝聚力的社會與經濟單位，投資利用所有財產再將其納入家產之中。如果家產被分散，家庭成員

的分布會將婚姻關係列入考慮，但是它也反映了這樣的分布安排，主要是為了配合家產的整體開發。我們再一次參考表 15，有些案例經營者只有一人而且與他或她的配偶分開居住（S13、J14、J22），而另外一些夫妻倆都是經營者同時住在一起（J2、J14、J19）。當不只一人照管外面的事業如 J22 所示時，以婚姻關係為基礎的共同居處不一定要遵守，此處第二個家戶連結兩個事業，住的是一個已婚的兒子、他的未婚姊妹、以及他兄弟的妻子。

如果由整個家群的分布來看第二家戶，可由菸寮的一個例子來說明。林尚永（Lin Shang-Yung）為家長的家有 42 位成員。最長的一代只有林還存活。第二代，他的 3 個兒子結了婚組成了幾個房。大房有 22 個成員；除了父親、母親之外，還包括 5 個兒子與 2 個女兒，長子的妻子與 7 個小孩，以及次子的妻子與 4 個小孩。二房共有 12 個成員，包括父親、母親、4 個兒子、4 個女兒以及長子的妻子與 1 個小孩。三房則是父親、母親與 5 個年幼的孩子。林家建立了 4 個家戶，每一個家戶都與部分家產結合。當林尚永與他的兄弟分家時，得到一些在菸寮鄰村的房子與土地，之後他又在那裡擴張了一些房產。這個家在菸寮擁有一間碾米廠，在碾米廠附近還有一間賣肥料與動物食物的商店。大約往南 25 英里處，他們也買有土地與房子。要管理所有這些財產，有一個共同的預算，金錢與貨物視需要而轉換。尚永繼續住在原始財產的地點。跟他一起住的有：大房的 2 個女兒、大房的已婚長子和他的 2 個小孩、二房的父親母親和他們 7 個未婚的小孩。已婚長子在未入伍當兵之前就住在那裡。部分大房的成員：已婚次子、他的妻子與 4 個小孩，以及 2 個較小的未婚兒子，住在碾米廠。住在南邊的是大房另一個未結婚的兒子，與大房已婚長子的妻子和其他小孩。大房的母親也住在這裡，而父親則是南邊與碾米廠兩邊跑。而整個三房都住在商店那裡。

林家的例子也說明了在分散家產的內涵下，居住在不同家戶的成員間如何有相當多的流動。例如，在菸寮碾米廠的居住處，在 1949 到 1965 年間有 4 個來自林家不同的婚姻單位分別住了 3 到 5 年。

如果分散與家產相關，通常是家產擴充的結果，但是如果與薪水職位有關，它可能是反映家庭經濟拓展的早期階段，但也可能是家產的重整而不是家產的擴張。經由對家庭資源的處理而產生的分散家產，在內涵上與家產集中將資金多方運用沒多大差別；現在我們可以更廣泛地討論家產與複合家庭組織間的相互關係。

如果家庭經濟多樣化在婚姻家庭中是明顯的趨勢，它在複合原生家戶中更是支配性特徵。在菸寮的主幹與聯合家戶中，純粹僅依賴家庭農場的家戶只有一個聯合家戶（J5）與兩個主幹家戶（S2、S7）。剩下的33戶中，沒有一個是只靠各種臨時工作來補足農業收入，由此多樣化的特色益發得到證明。多樣化的模式在主幹與聯合家戶中有一些重要的差異。只有5個主幹家戶（全部的36%）發展出5個資本化的非農業事業，而15個聯合家戶（68%）一共擁有27個這樣的事業。每個聯合家戶的平均生產力是6.4人，主幹家戶的平均生產力只有3.8人，顯示聯合家戶比主幹家戶可以更容易經營額外的事業。不過表16顯示的情況更為複雜：在主幹類型的家戶中，比例上較少工作者是全職農夫，較多是全職的非農夫；農業之外的多樣化在兩類不同的家戶中同樣被強調，不過在聯合家戶中，事業——相對於領薪水的職業——會消耗相當高比例的家庭勞力。

表16中將菸草種植者加以區別，因為在種植菸草的家戶中，家產與經濟的安排是家庭生活的諸多面向之一，而菸草耕作對家庭生活具有重大的影響。我已經提過菸草耕作有兩個特別因素影響了家庭，亦即：菸草種植有較高的金錢回饋，同時還需要密集的勞力與製作的技巧。種植菸草大部分的農作期間都需要勞力與技術，而種植稻米或其他作物只有短暫的「農忙時節」需要勞力。這些菸草生產的特色意味著，如果所有其他狀況相同，那麼菸草種植家戶的農夫比那些沒有菸草許可證家戶的農夫更有經濟價值；如果兩個家戶擁有的土地與品質相同，他們工作的勞力在數目上與表現上都類似，就會有上述的情況出現。但是這種理想的比較很難精確，因為將菸草生產加到日常農事中，會增加一個家戶經濟中農業成分的重要性。

表 16　菸寮主幹原生家戶與聯合原生家戶、菸草種植者與其他，相關的勞力分配

工作勞力的分配	主幹家戶						聯合家戶					
	菸草種植者		其他		總數		菸草種植者		其他		總數	
	數目	百分比	數目	百分比	數目	百分比	數目	百分比	數目	百分比	數目	百分比
全職農耕	19	73.1	4	14.8	23	43.4	67	59.8	3	10.7	70	50.0
全職非農耕												
全職經營事業	1	3.8	3	11.1	4	7.5	11	9.8	11	39.3	22	15.7
全職領薪水職業	5	19.2	2	7.4	7	13.2	7	6.3	0	0	7	5.0
全職服務業	0	0	3	11.1	3	5.7	0	0	0	0	0	0
全職非農耕的總數	6	23.1[a]	8	29.6	14	26.4	18	16.1	11	39.3	29	20.7
部分時間農耕												
兼職事業經營	1	3.8	1	3.7	2	3.8	5	4.5	3	10.7	8	5.7
兼職服務	0	0	1	3.7	1	1.9	1	0.9	0	0	1	0.7
兼各類的臨時工	0	0	8	29.6	8	15.1	21	18.7	11	39.3	32	22.9
部分時間農耕的總數	1	3.8	10	37.0	11	20.8	27	24.1	14	50.0	41	29.3
專職各種的臨時工	0	0	5	18.5	5	9.4	0	0	0	0	0	0
工作勞力總數	26	100.0	27	99.9[a]	53	100.0	112	100.0	28	100.0	140	100.0

[a] 總數四捨五入。

表 16 顯示：所有主幹家戶因勞力較少的特色，種植菸草者比種其他者，在勞力安排上有頗大的差異。種植菸草的主幹家戶中大約有四分之三的勞力專心於農耕，其他勞動力中，除了 2 人之外全部是從事全職薪水的工作。會有這樣的比例，是因為對種植菸草的主幹家戶而言，農耕比大部分其他的工作更有競爭力。在其他的主幹家戶中沒有類似的現象，而是農場與家庭事業皆不足以滿足家庭成員的需求。大部分的勞動力遍布於不同的職業範疇中，因為任何可能的工作機會他們都會去做，但是因就業機會不足，這一類家庭中大約半數的勞力從事各種的短期工資工作。

菸草耕作包含相當多的農事，意味著在主幹家戶中要增加相當比例的家庭勞力去經營家產。在所有聯合家戶中，家中大部分勞力都與家產的營運有關，分別投入農耕與其他事業中。在菸草種植的聯合家戶中，大約有 60% 的勞力是全職農夫，約有 20% 在農事之外還兼各種工資的工作。

在其他的聯合家戶中，大約有 80% 的工作勞力落在兩個範疇中：他們平均分布在全職事業經營者與農耕兼各種工資勞動者之間。於是，偏重臨時工工作成為沒有種植菸草的主幹與聯合家戶的特色。此外，在不種菸草的主幹家戶中只有約 30% 的勞力專心從事家產的經營；相對地，在種菸草的主幹家戶中則約 74%，在不種菸草的聯合家戶中約有 61%，在種菸草的聯合家戶中則約有 81%。

事實上家產對勞力分配更具重大意義，是所有聯合家戶的一個特徵。只是這層關係被模糊了，因為在主幹與聯合家戶都一樣，菸草生產大幅增加家庭農場勞力的價值。在聯合家戶中菸草工作者增加產值的能力，從這類型家庭中純務農者家家都種菸草就可以看出，而那些沒有耕種菸草的家戶，最著重的是非農業的產業。所以在聯合家戶中，沒有種菸草的 5 個家戶都有非農場事業，而種植菸草的 17 個家戶中只有 10 個從事農業以外事業。在主幹家戶中，只有 4 個家戶在農場之外擁有事業，其中兩個家戶種植菸草。事業平均分布於主幹家戶中，每一家戶擁有一個事業，但是聯合家戶擁有的 27 個事業則有較大的變異性，可以圖示如下：

聯合原生家戶家產中非農場事業的數目

家庭數目	4	3	2	1	0
種植菸草者	1	1	3	5	7
其他	1	0	1	3	0

　　至於在主幹與聯合家戶中沒有種植菸草者，不重視農業有利於較多樣化的經濟活動如表 17 所示，此處如果由所有與原生家戶經濟相關的人來計算，或由所有具工作勞力成員來算，或者由全職與兼職農夫合起來來算，很一致地，每人平均擁有的土地面積都比種植菸草者小。這種情形是下列兩種狀況的綜合表現：貧困不堪的家戶擁有一點點或沒有土地，以及資源已投資到非農業的事業上。因此可能會出現不一致現象，如果以全職農夫為基礎來計算，沒有種植菸草者有較高的「地—人」的比例。然而，事實上因為對家庭經濟而言，相對地農業重要性減低，因此 4 個家戶中只有 7 個全職農夫。沒種菸草，每一單位土地需要的勞力便減少，一個全職農夫至少在某個程度裡對家庭的貢獻增加了。他能照顧的土地面積也增加了。

　　在聯合家戶中，經由菸草耕種、事業經營、或兩者兼有，家中勞動力大都投入家產的經營中，因此家庭類型與家產情況之間的緊密關係是一大特徵，但在主幹家戶家庭就不存在。終究，家產提供一系列的機會，成為主幹家戶轉成聯合家戶的框架與支援，而在家群變得更複雜時，隨著家產的擴張，家的持續發展也就獲得保障。舉個例子，J2 的家長黃右徠（Huang Yu-Lai），日據時期找到一個賺錢的工作讓長子去做，而將家庭帶向繁榮的情況。事實上這是運氣好，但是匯回原生家戶的錢被投資於土地與家庭事業，讓右徠的其他兒子在家庭經濟中有合適的工作。在其他擴張的例子裡，資金通常來自對已有資源的運用，或貸款、或提供他人服務或從已有的所有物中所衍生的收入。

表 17　按家戶類型與個人計算每一單位土地所有物（家之內），菸寮

家戶類型	家戶戶數	每一塊土地所有物				
		每一家戶土地所有物的平均值	與原生家戶經濟有關的所有人	對原生家戶經濟有貢獻的所有人	全職與兼職的農夫	單純全職農夫
所有主幹家戶	14	.99	.10	.26		
主幹，只有農耕	12	1.15	.12	.32	.41	
菸草種植者	7	1.43	.14	.38	.50	
其他	5	.76	.09	.14	.27	
所有聯合家戶	22	2.18	.12	.34	.43	
菸草種植者	17	2.45	.13	.37	.44	
其他	5	1.26	.07	.22	.37	
有全職農夫的家戶						
主幹，菸草種植者	7	1.43				.53
主幹，其他	3	.81				.61
聯合，菸草種植者	14	2.69				.56
聯合，其他	1	2.30				.68

　　這些因素的作用，可以由林新禎（Lin Hsin-Chen）家（J13）的家產擴張來說明。首先，這牽扯到利用已有的所有物。林於 1955 年在自家的土地上蓋了一家木工商店。不過蓋房子所需的錢，則靠貸款與原有的存款。根據林的說法，他的家能夠有盈餘主要是靠他還沒有自己的店之前當木匠所賺取的錢；那時家庭農場與臨時工是主要的收入來源，但是這些剛好夠維持生活。新的事業產生更多的盈餘，林於 1964 年在木工店之旁加蓋幾個房間做為另一新事業的空間。這個新事業是販賣車輛用的電池同時提供服務，也賣其他電氣化設備；這間店是林為其弟弟開的，弟弟剛由軍中退伍而且幾個月後將要結婚。

　　林家沒有種菸草，一般而言，沒有生產菸草的農家幾乎無法提供資金來擴張家產。另一方面，種植菸草的家庭有能力可直接由賣了菸草後的所得來增加他們的家產。一個這類的擴張發生於 1964 年，此可由檢視家庭的開銷、菸草收入、以及盈餘收入的運用得到證實。

　　我們以家長是葉俠助（Yeh Hsia-Chu）的這家（J19）為例。俠助 67 歲，妻子 65 歲，全家有 6 個大人與 7 個小孩。雖然俠助掌管家庭財務，但幾年前就退休，只參與一些家庭工作，現在主要的工作是由俠助的長子、三子與 2 個女婿負責。俠助的次子和他的妻小住在另一個鎮上；次子在那裡經營一家中藥店，但是還沒有足夠的盈餘可寄回菸寮的家中。

　　農耕是葉俠助家戶的主要事業；養豬與一臺動力耕耘機是補充收入的來源，這臺機器由長子操作，不僅在家內也在家外使用。家產的擴張包含買了好幾塊地，1964 年共得到 0.37 甲的地，所以現在總共有 3.09 甲的地。如同過去的擴張一樣，是由種植 1.70 甲地的菸草所得來購買的，由表 18 與表 19 可看出，菸草扮演著家庭主要收入來源的角色。在表上所涵蓋的時間裡，葉俠助家戶全部花費了新臺幣 175,363 元；其中新臺幣 51,363 元用於生活與社交以及更換農業設備；其餘新臺幣 124,000 元用來買土地。表 18 顯示同一年家庭淨所得是新臺幣 131,864 元；如果扣除所有其他開銷，僅剩下新臺幣 80,501 元可用來買土地，但是俠助家過去幾年已累積了盈餘的基金。在拿到收入的這一年，菸草所得占淨總收入的 61%；自從葉家開始種植菸草後，菸草生產已成為收入的主要來源。

表 18　葉俠助（Yeh Hsia-Chu）家的農業收入，1963 年菸草季節到 1964 年二期稻作收成期間

作物	稻米 （一期與二期合併）	香蕉	蔬菜	蕃薯	菸草
種植面積（甲）	4.30	0.08	0.04	0.80	1.70
產量	29,560 斤 （1 斤＝1.3 磅）	160 株			3,700 斤

（續上頁）

作物	稻米 （一期與二期合併）	香蕉	蔬菜	蕃薯	菸草
處理	稅：1,180 斤 肥料交換：3,800 斤 義務出售：4,350 斤 自由出售：12,570 斤 家庭消費：7,660 斤	出售	家庭 消費	豬飼料	出售
現金收入新臺幣（元）	41,908	7,500			110,000
投入的勞力（工作天）					
家庭	329				556
雇工	264	10		44	407
勞力費用新臺幣（元）	6,600	200		880	8,585
其他消費新臺幣（元）	2,408	800		2,590	20,850
收入淨值新臺幣（元）	32,900	6,500		-3,470	80,565
總收入新臺幣（元）	116,495				

　　家庭擴張經濟活動的方向，影響他們發展的專門化程度。如葉俠助的例子，如果家庭擴大農業方面投資，相對於以其他方式擴張的家庭，會使得更多家庭成員涉入到農場的工作中。然而分殊的情形在複合家庭中有很大的差異性，家庭規模當然會變大，但是正因為家庭中包括許多大人，所以很複雜。在婚姻家庭裡，所有增加的工作勢必由少數人去承擔。然而在複合家庭裡，工作者增多了，工作與管理的分殊化勢必也會增強。即使在以農業為主或只有農業的家庭中也是如此。在葉俠助的家戶中，就有清楚的責任分工。三子操作動力耕耘機；因為專門化的趨勢而他又有專業知識，所以這個機器只由他使用。然而，長子有他自己的角色，他負責農場的經營；他計劃每日的工作以及決定何時需要多少額外的幫助。這個男子的職位說明了勞工與管理者兩個角色間的重要區別。他的角色結合這兩個元素：除了管理農場外，他也與妻子、弟媳婦一樣在田地中勞動。進一步來說，他的弟弟沒有在別處犁田時，也與他一起在農場裡工作。於是，關於農耕，有 4 人扮演勞工的角色，只有 1 人是管理者。

表 19　葉俠助的家，1963-1994 年收入來源摘要

收入來源	收入	支出	淨所得
豬	新臺幣 $29,200	新臺幣 $7,293	新臺幣 $21,907
動力耕耘機	6,900	3,560	3,340
工資勞力	150		150[a]
穀物協會	10,480	20,508	-10,028
菸草耕作			80,565
其他作物耕作			35,930
總收入：新臺幣 131,864			

[a] 來自其他家庭因欠換工所做的補償。

　　當然角色專門化因家產的多樣化而更明確，而角色專門化與家產多樣化兩因素，對家庭的複雜性提供更大的可能性。我們可由黃右倈家（J2）的發展來說明這三個過程的緊密連結。我已經指出，當他的長子發跡變得富有時，結果便是家產的擴張與多樣化。日據時期右倈決定讓他的長子盡可能地繼續唸書，而讓次子在田地中幫忙。長子是個好學生，小學畢業後，他是少數幾個進入兩年制農校的臺灣人之一。完成學業後，他在屏東找到一個賺錢的工作，然後開始寄錢回家。因為三子也展現有潛力因此被鼓勵繼續唸書，畢業後他很用功，希望能通過高一階學校的入學考試。然而他沒有成功，變成「書狂」（*chou-k'ong*，此詞是用來描述入學考試失敗精神崩潰的人）。他的病況持續了好幾年，他的父親拼命地尋求方法來治療他。最後三子康復了，此時長子寄回的錢已累積了相當多；而且長子與次子的妻子們也已提高了工作能力。由於三子可以工作，家中又有錢可以投資，於是這個家建造了一間磚廠，讓三子來管理。

　　日本投降後，四子由高級農業學校畢業又完成了兩年的兵役。現在投資從幾個方向進行。長子的工作讓他大部分的時間都與妻子住在屏東，他們的家在一所學院的旁邊，於是用家的基金買了鄰近的土地，還在上面蓋

了一棟學生宿舍。同時，在村子裡，這個家買了兩輛貨車開始經營交通事業，而經營權則交給第四個兒子。

右徠家庭的許多事業，讓家與外面的世界有了複雜的法律、經濟與社會關係，在菸寮，這些主要由四子掌管，而四子也是原生家戶與長子在南方所建立的分支之間的聯絡人。當需要時，四子用摩托車來回周轉資金。現在右徠年紀大了，家中田地留給次子經營。

在主幹家戶中，關於家庭事業，其工作與管理的角色平均分配於父親與已婚兒子間，但是在聯合家戶中，17 位還在世的父親中只有 4 位專責管理，相對地，41 位與父親同住的已婚兒子中 32 位負管理之職（另外有 4 位住在外面的兒子也管理家庭事業）。主幹與聯合家戶一樣，未結婚的家庭成員通常不會被賦予管理的職位，因為這些與成人身分有關；如果他們取得掌控家庭經濟的一部分，或是一個新的事業為他們而設立，通常會是在他們剛結婚之時或者更晚一些。

當父親漸漸年老，在聯合家庭中他自然地較少參與家庭的工作；但是不同的複雜度是一個必須考慮的單獨變數。在主幹家戶中，想要或需要離開農耕的多樣化活動或家產，會導致父親或已婚兒子有新的專業，如果家戶中只有 2 個成年男子，會使父親繼續參與家庭的工作。所以菸寮主幹家戶的家長沒有規則性的退休模式；有 3 位不再工作的家長分別出生於 1895、1909 與 1917 年，但有 3 位較老的家長仍然活躍，他們出生於 1893、1907 與 1910 年，而剩下的 6 位則出生於 1913 至 1918 年間（有 2 個主幹家戶的家長是寡婦）。

在聯合家戶中，年紀大時由家庭工作中退休受到的限制就較少。所有 5 位出生於 1896 至 1899 年間的男子都退休了，12 個中有 8 個生於 1901 至 1912 年的男子也退休了。具有某些重要意義的是，4 位 1901、1904、1910、1911 出生的男子仍在工作，其中 3 位管理事業（雜貨店、中藥店、磁磚工廠），一位提供特別服務（水泥工人）；所有退休的家長都曾是農夫，如果他們的家有多角經營，那是他們兒子的工作。從艱苦的農事中退休是

大部分男子快樂的期望，以下我們要來探討這樣的退休如何與聯合家戶的發展產生連結。如果父親有他自己的專業，對他而言，不要放棄這項工作比較容易；如果在他的兒子們有他們自己的專業後，他仍維持他的專業，那麼可能因為他對家庭經濟的貢獻，阻礙了他的退休生涯。

在美濃常聽人說長子的命運最慘，父親幾乎一定會在其他人之前將辛苦的農事交給他。菸寮的現象說明這個觀察相當正確，至少在種植菸草的家中就是如此。更廣泛的說，父親試圖在兒子之間分派工作與管理的專職，首先的反應是他覺得有立即的需要，之後則是依據家產與經濟的可能擴張來安排。只要父親覺得需要，當長子長大成人最容易被指派與已有的家產相關的工作，雖然我們已看到學校表現的能力與其他狀況可能會列入考慮。在農耕的家戶中，漸漸由農事中退下，轉而安排較小兒子們的生涯規劃與管理一般的家庭事務，也是父親的願望。受到父親計畫的影響，聯合家戶中最基本的工作與管理專職的分配如表 20 所示，此處我將屬於聯合原生家戶的第二代男性分成有種菸草與其他兩群。兩群的人依據出生順序與工作或是管理者的角色來分類，那些種植菸草、家中以務農為主的家戶，幾乎都是由長子來承擔農場的管理工作。我們也可以從所有種植菸草家戶中的工作角色分配，看出家中角色分配的一般策略。如果長子被賦予責任要努力鞏固家庭經濟，非農業職位由次子與三子擔任的百分比穩定增加，這就表示對擴張與多樣化的重視逐漸增強。

當婚姻家庭發展為複合形式時，對管理與家庭基金再分配的處理沒有太大的改變；亦即全都仍在父親的掌控下，而且跟以前一樣，妻子可分擔他的責任，但沒有固定的模式可遵循。在黃右徠的家戶（J2）中有這樣的分配：大部分的基金保存在銀行與農會，但在黃與妻子臥房的一個櫃子裡有相當多的現金。兩人都有櫃子的鑰匙，裡面的現金足夠一、兩天的預期消費，以及額外應付緊急或未知需求的預備現金；但是只有黃會增加櫃子中的現金，他幾乎每天早上由農會提款回來。黃的 4 個兒子從他們管理的事業中將收入轉給黃；黃應需求而分配基金而且也直接掌管許多交易，特別是菸寮農場上生產的作物。有一次我看到他付大約新臺幣 90,000 元給一位

男士買一塊 0.20 甲的良好土地。他的妻子每天從櫃子中拿錢來買食物，當兒子或媳婦要現金時，她或她的先生會到錢櫃中拿錢給他們。相對地，葉旺川（Yeh Wang-Ch'uan）的家戶（J8），有 2 個已婚兒子與 2 個未婚兒子。他家的現金放在一個抽屜中，只有葉有鑰匙；家中所有消費由他一人提撥，包括給他妻子買食物用的錢。

表20　菸寮聯合原生家戶家群第二代男性的工作者與管理者角色 [a]

種植菸草者（17 個家庭）						
出生順序 [b]	農場經理	事業經理	農場工作者	事業工作者	領薪水者	領薪水者經濟獨立
1	14	2	1			
2	2	6	5		3	1
3		3	6		2	3
4	1	1	3		1	3
5		2				1
6			1		1	
其他（5 個家庭）						
1	1	3		1		
2	3	2				
3	1	1		1		
4		1				1
5						
6						

[a] 經理通常同時也是工作者，但是這個表中我將負責管理的人與只是單純的工作者區別開來。3 位男子在應召入伍之前就已被指派了工作；2 個是種菸草家戶中的三子，是農場工作者；1 個是沒有種菸草家戶中的四子，是獨立領取薪水的工作者。

[b] 出生順序只對應存活下來的兒子。

　　不論妻子有多大的權限可使用家庭錢包，父親仍是明確的財務經理；對於投資與其他的開銷，他才是做最後決定的人。在黃右倈的家，關於事業的主要開銷是由黃和他的兒子們共同決定，因為黃依賴他們在這些事物上的豐富經驗。但是其他事情，黃毫不遲疑地自己行動，譬如他在 1963 年一次宗教節慶中花了新臺幣 10,000 元買了「副總理首」（assistant grand director）的尊貴地位。

　　以傅清風（Fu Ch'ing-Feng）的家（J14）為例，可以看出一位父親對其聯合家戶的控制有多緊密。傅有一個兒子在臺北開貨車，這輛貨車是 1964 年用家庭基金買的；但是他兒子的妻小仍留在菸寮，與其他家庭成員，包括另外 4 個兒子和他們的妻子，住在一起。成人們組成農場的工作勞力，另外一個已婚兒子和他的妻子也包含在這團隊中，這對夫婦住在附近的小村子，但大都在菸寮用餐。傅本身是個跛子，他坐鎮在自己經營的雜貨店裡。他是菸寮地區有名的吝嗇鬼，像個暴君統治他的家庭。擁有 4.76 甲的土地和一張可種 1.7 甲的菸草許可證，這個家有足夠的錢讓傅花新臺幣 100,000 元買一輛貨車。因為有很多勞力，傅清風家只需要一點點外面的協助。然而，只有傅家被觀察到在農曆新年的第一天就從事主要的農事。幾乎對所有其他人而言，此時是拜訪親友與娛樂的時間。在我面前，傅激烈地抱怨一個寵壞了的媳婦拒吃鹹（和便宜）的食物，這些食物是這個家的日常伙食；他還說另外一個生病的媳婦，害他要雇用額外的勞力。或許有一些可信，當地居民說當傅的兒子媳婦需要醫藥費時，傅如何不願意給他們。但是大家也都明白，傅的兒子們完全瞭解他們父親的方法會讓他們的家產擴張，而這些家產遲早會分給他們。

　　複合家戶的集中經濟是實踐再分配與財務管理的完全表現。維持一個共同的荷包，只因為父親，扮演再分配者的角色，是收入唯一的接收者，這些收入來自家庭成員拓展他們的家產或是在外賺錢回來；財務經理的角色，包含為整個家的福利以及家產的增進，而獨攬這個荷包來分配基金的權力。再分配者與財務經理的角色其策略上的重要性是不容易被察覺的，因為大部分原生家戶中父親擁有這兩個角色，同時他也對家庭事務有無上的權威。這些角色不同於那些與一個家戶相關的特殊經濟活動；當一個家

的家群與家產沿著彼此不同的方向發展，每一個方向都可能有不同的「家庭事業經理」、「家庭工作者」、「領薪水工作者」等分工；在這樣的情況下，複合家庭組織裡的「再分配者」與「財務經理」就至關重要。

菸寮複合家戶中，再分配與財務管理角色的轉換都是由父親轉給長子，除了一個主幹家戶例外，是由寡母掌握這兩個角色。表21顯示在父親與長子之間有三種可能性：父親擁有這兩個角色、長子擁有這兩個角色、或是長子成為財務經理而父親仍是再分配者。家戶的複雜性與父親的能力在角色轉換上扮演重要關係，反而父親的年齡不是重要的因素；這樣的轉換是家庭發展的一個重要面向，而「生命週期」的探究方式也幾乎派不上任何用場。在表22中我依據出生年分、家戶形式與扮演的角色，列舉了菸寮複合家戶中仍活著的父親。請注意在聯合家戶中仍然握有兩種角色的男子，與只握有一個角色或兩個都讓出的男子之間，在年齡分布上沒有顯著的差別；事實上後面這一類的人比前面那一類的人（平均出生年分為1904與1905）平均年齡要小一歲，如果將握有其中一個或兩個角色都握有的男子歸為一類，與那些兩者都放棄的父親（現在平均年分是1903到1905）相對照，也看不出顯著的差異。

表21　菸寮，複合原生家戶中再分配與財務管理

角色的分配	家戶形式	
	主幹	聯合
父親控制再分配與財務管理。母親仍活著。	10	9
父親控制再分配，長子負責財務管理；母親仍活著。	0	5
母親控制再分配與財務管理，父親死亡，長子不在菸寮。	1[a]	0
長子控制再分配與財務管理，父母還在。	2	3
長子控制再分配與財務管理，父親死亡，母親還在。	1[b]	4
長子控制再分配與財務管理，父母雙亡。	0	1

[a] 長子在外居住與工作，匯錢回家。

[b] 父親還在，可是住在另一個家戶。

表 22　依據出生年與經濟角色看菸寮複合家戶中的父親

出生年	主幹家戶			聯合家戶		
	再分配與財務管理	只管再分配	都沒有	再分配與財務管理	只管再分配	都沒有
1893-1896	1	0	1	2	0	0
1898-1901	0	0	0	1	2	1
1904-1907	1	0	0	1	2	1
1908-1911	1	0	1	5	0	0
1912-1915	2	0	0	0	1	1
1916-1918	5	0	0	0	0	0
總數	10	0	2	9	5	3

　　在主幹家戶中只有兩個父親沒有掌管任何角色，要尋找年齡與退休間的關係沒什麼意義。但是我們要思考的是，為什麼在主幹家戶裡 12 位中有 10 位握有兩種角色，而聯合家戶裡 17 位中只有 9 位。在主幹家戶中大多數的父親之保有他們的位子，乃因為父親對家庭事務仍然保有相當普遍的權威，使他們擁有這些經濟角色，而且他們的權威受到主幹家庭組織中幾個重要特色的支撐。

　　在這些家戶中父親至少有一個未婚的兒子，而且除了兩戶之外，其餘的家戶也至少有一個未出嫁的女兒。現在父親對其子女的控制，特別是兒子，還要再加上一個面向，就是家戶中有成年兒子的出現。成年兒子結婚後就有完整的共同繼承權，但也正是這種婚姻的權利，使父親成為家產的守護者與代表，因為所有其餘的兒子最終都有要求家產的權力，另外父親還有義務替女兒舉辦適當的婚禮，這也可以視為兒女對家產皆有要求權的一環。換句話說，當父親與已婚的兒子有同等法律權之時，父親具有其未婚子女的代表權，此加強了他在家戶中經濟與政治的權力。

　　所以長子結婚對父親的一般權威少有威脅，配合著他對家中一般事物的控制，父親仍可繼續再分配者與財務經理的角色。在很多例子中，因為這樣的狀況，即使覺得父親管理家庭財務無能，兒子也不能做些什麼。

　　兩個主幹家戶已發生角色轉換，此例說明了會導致父親權威減弱的某些狀況。以黃貴純（Huang Kuei-Ch'un）為家長的這個家戶為例，黃出生於 1893 年，日據時期很富有；他擁有一個農場，而且被尊為是傳統建築如廟宇、神壇與祖先祭祀大廳的建築師與建造者，同時常被光顧。但是黃對酒色與賭博的喜好，使他負債愈來愈多，終於毀了他；他被迫賣掉他所有的土地，到日本人投降之時，他已身無分文。現在黃存活下來的長子管理家庭財務，而且家中大部分的收入皆來自於長子。長子是個砌磚泥水匠，就在 1960 年 27 歲結婚時承擔起家庭責任。他將自己與妻子、弟弟、妹妹所賺的錢統籌起來，然後以此錢供應父母與其他家庭成員的食物與生活所需。他讓他的父親留下他自己偶爾雕刻木頭與準備宗教事務時所賺來的錢。黃的兒子不再拿錢給父親，因為他知道父親會拿去買酒，父親沒有抗議。黃的悲劇是處理家產不當的一個極端，肇因於失去了所有的家產，若有這些家產，他可能可以繼續掌控長子與家戶的經濟。

　　葉旺清（Yeh Wang-Ch'ing）唯一存活下來的後代是女兒，她行招贅婚。葉生於 1909 年；他是個神經過敏者，酒喝得很凶，現在已經無能承擔任何家庭責任。葉的女婿婚後遷入的約定是，他所生的小孩依序姓葉與他自己的姓，而姓氏的順序男孩女孩分開算。此約定還包括所有的男孩，不論姓那個姓，都對家產有同樣的權力。事實上，後來，女婿成為姓自己姓的共同繼承權的代表，而他的妻子與岳父則是姓他們姓的代表。由於有很強的家產要求權，女婿毫不遲疑地為擴充家產與整個家庭的福祉工作。他是個有活力的經理人，管理農場的同時，在自家擁有位於附近小村一條繁忙路邊的一小塊地上，他開了一家賣糖果與蔬菜的店以補充家庭的收入。這家店大都由他的妻子照料，因為他也成為蔬菜的批發商，許多時間要忙外務。葉不喜歡他的女婿，在婚姻契約下在家群中他們有同等的地位，但是在任何情形下他都無法與女婿對抗。女婿控制農場的收入、他自己的事

業以及妻子管裡的店；他給岳母買食物與其他生活消費的錢，這也是葉旺清與其他家庭成員們唯一的現金來源。

由主幹家戶到聯合家戶的轉換，開始發展出父親再分配者與財務經理的角色，與他在家戶中的完全權力較沒有連結。在這樣的情況下，父親的管理技能變成愈來愈重要，成為他在家中地位的支撐，所以與主幹家戶相比，在財務經理與家中完全權力之間的關係上剛好相反。當兒子結婚有了成人地位時，父親處處擁有的權威變弱；父親漸漸地被迫以再分配者與財務經理的角色來加強他在家中的整體地位。

此處父親與外面世界相關的財政管理最為重要。過去，當家因父親的權威而聚在一起時，家庭的命運當然與父親的管理技能有很大的關係，但是在家庭領域中父親財務經理的角色不會受到威脅，除非完全失敗。然而，在聯合家戶中，兒子們是以自身的利益來看家產與家庭經濟的狀況。另一方面，他們的父親關係著家的存續；因為現在主要的職責是良好的財政管理，因此有時父親甚至會自我引退，而讓其中一位較有能力的兒子來掌管。所以在聯合家戶中，父親的個性與他的管理地位有最大的相關。整體而言，9 位仍然掌理家庭財務的男士都是有能力、精力充沛、而且有自信的人；他們的領導力建立在家產的控制上，但在此方面，法律上能提供的支持很有限甚至於完全沒有。他們是真正「強大的」父親，其中有一些直到過世之前仍保有這樣的地位。黃右徠與傅清風（J2 與 J14）是其中的兩位。我們已經看到他們對他們家的緊密掌控。在菸寮，他們二人被公認是村中最強與最盛氣凌人的家長；所以不必驚訝，黃右徠的小兒子都已結婚超過十年，而傅清風的 7 個兒子只有最小的尚無妻子。

父親已不再管理與再分配家庭基金的 3 個聯合家庭可提供明顯的對照。葉旺生（Yeh Wang-Sheng）（J7）癱瘓臥病在床；黃川生（Huang Ch'uan-Sheng）（J3）與傅生風（Fu Sheng-Feng（J16）因無能掌管「家庭事業」而聞名，但是生於 1899 年的黃，是因為年老糊塗，而年輕 13 歲的傅卻被認為是「愚笨」。傅的家戶說明了這樣情況下的經濟管理：傅的長子控制家庭財務，同時管理他們 0.80 甲的農地。傅的妻子與他未婚的長女在農

閒時做些領工資的工作（他們家沒有種菸草）；傅的次子最近剛結婚，家裡買了一臺機動運貨車讓他從事交通事業。所有前述的收入都交給長子。兩位媳婦平日規律地在農場與家事中輪流工作。

繼續做一個完整聯合家戶的家長是一位父親的榮耀，因為他也知道分家的時候——現在已成為隨時可能發生的事情——他和他的妻子在中國漢人家庭組織中可能面臨最戲劇化且最徹底的地位改變。分家的結果是，父親由家長轉變為兒子們新建立家戶的共同被撫養者；對一個男人來說這是件悲傷的事，現在他被供養不是因為身為家庭的一分子，而是他的兒子們協調共同義務後的一種方便安排。

所以如果聯合家戶的發展因為父親管理失當而損害家產時，也會出現成年男子挺身而出，保護家的完整與家庭福祉。每一個到達法律成熟期的兒子，共有的目標是：要符合他自己這一房較狹隘的利益；如果與他的利益衝突，他要求一份家產的權力就是拒絕父親的另一種策略。

父親可能自己主動將聯合家戶的財政管理交給長子，或者是當他感覺或被知會家庭成員有這樣的欲望時，他可能會這麼做。無論如何這樣的責任轉換在聯合家戶中很普遍，確切的原因是父親看待他的管理角色只是為了家的團結一致，而此是他最首要的目標。為了家團結一致所做的努力，其中之一的力量可能是家庭成員共同努力而產生的利益，而另一個力量則是再分配這樣的利益時共同接受的標準。這兩種力量在所有聯合家戶中都同時運作，不過它們的影響最能由下列 5 個例子中清楚地看出。這 5 個家戶中，父親掌管再分配而長子管理家庭財務；這樣的安排是為了減低長子用家產謀求自己那一房利益的可能性，如此，事實上能強力解決所有聯合家戶中已婚兒子模稜兩可的地位。

經常的模式是兒子保管家戶的帳戶，他先向其他家庭成員收取他們所賺的錢，然後交給父親；再由父親處取得家庭基金，用於家庭事業或農場所需，以及用於家庭成員的各種消費。父親控制家庭錢包以及存摺；他常常直接拿錢給妻子或媳婦去買菜，他可能會給孫子們一些買糖的零用錢；

不過若有其他用途要用到錢時，他會先與長子商量，而且通常是錢先通過長子手中再交出去。

　　雖然父親的再分配與財務管理的地位每個聯合家戶都不一樣，但是每個聯合家戶事實上仍存在著長子是潛在或實際的繼承者；4 個父親已亡母親還在的家戶以及 1 個父母雙亡的家戶都是這樣的情況。在這方面，我們可以留意傅利曼談及一般的漢人社會時提及，儘管有「兄弟間長幼有序」的制度已建立，但它不能避免男性同胞對家產都有權力而引起兄弟間的衝突（Freedman, 1966: 46）。不過菸寮聯合家戶的經濟組織模式，揭露了年長制與衝突之間關係的另外一面；我們前面已經討論過在既定的基礎上把重要的經濟角色指派給長子，正好可以將他們由衝突的競技場中撤出。父親死亡後，聯合家戶可以更容易維持完整，因為如此的經濟管理繼承，不會變成兄弟爭端的核心。菸寮的資料不夠充分，所以我無法判斷在這樣的狀況下有多少程度是因為長子的能力才如此安排，不過如果兄弟們不信任長兄的能力，他大概也無法承擔這個責任。

　　財務責任由父親轉給長子與維護家的完整有關，且更進一步被下列事實確認，就是聯合家戶的經濟安排對幾個兄弟中最長者最有利，最年輕者利益最少。長兄第一個結婚，他的孩子得到家庭資源供給的時間最長；由於他們的平均年齡相對於第三代的其他成員而言，他們通常比年輕兄弟的後代取得更多「家」的財富。同樣地，最年幼弟弟的孩子們收到較少「家」的支援。長兄有利的位置，加強了他對家完整的承諾，也增加了他做為家庭財務公正管理人的可靠性，而對於年輕的兄弟而言，若家庭經濟管理不善，只會讓他更容易覺得分家對他可能最有利。

　　家庭經濟中角色的專門化很容易限制男子對基金的處理與運用。男子監督管理家庭事業，而婦女在家戶與田地間來回奔波。這樣的專門化模式也是再分配與財產關係系統的基礎。來自再分配者的分派配置有其特殊的目的。負責再分配的男子所控制下的金錢或其他資源，當然就是有價值的家產。這些資產可被標記為支援或擴張現有的家庭事業，或者也可用來投

資新的事業，而此新事業便成為家的財產。同樣地，由家庭事業來的收入屬於家的財產，只有在事業經理人將收入交給再分配者後，這份基金才會因不同目的而被撥出。這包括食物的供應或用於食物、醫藥、學費等等的錢。這些開銷不會產生私有物，但是撥用到耐久的項目，如衣服、打火機、手錶、珠寶與其他會成為私人財務者，必須得到財務管理者的認可。當控制再分配的人是父親，或是父親已亡而為長兄時，他也被認定為家長。但是我們看到有些例子，再分配者是長子而其父親仍然活著。然而無論如何，在世的父親仍是儀式或宗教事件時家庭的正式代表，也是捐錢給寺廟或婚禮、喪禮及生日節慶送禮時的家庭代表。

在複合家戶與婚姻家戶一樣，男子在外賺取工資或管理非農業事業者，可以保有一些「零用錢」用來買香菸或娛樂。但是管理農場或在農場工作的男性家庭成員，家庭基金必須供給他們這筆錢，因為沒法直接接觸家庭基金，這些男子比起其他人顯然較沒有日常的經濟自主。舉個例子，在黃右倈富有的家庭中，次子是農場的經理人，常常得向父親要香菸錢，而其他三個兄弟無法如此獲取與家庭事業有關的基金。然而，我們也注意到，大部分複合家戶中，農場經理人是長子，而且只要父親仍是再分配與管理家庭金錢的人，這位長子遠比他的兄弟們較少參與家庭的財務；可是，之後當長子承擔起父親之前在家中的經濟角色時，他的地位立刻有戲劇性的改變。

大部分在男子們口袋中的錢，就是再分配的框架中循環的家庭金錢。而且男子們在家庭經濟中的主宰地位意味著他們較少有私人財物的權力，這一點也不矛盾。事實上私產權因男子間的共同協議而受到限制，他們被鼓勵遵守集體生活的約束，恰恰因為可替代的選擇便是分家。

複合家戶的成長包含了新的婦女們被引進到家庭經濟中，相對於家中男子工作的多元性，她們逐漸被侷限於農事與家事之中。在大部分已經多元化去從事非農業工作的家戶中，婆婆與媳婦同樣限制於農事與家事中，因此從婚姻家戶形式轉到複合家戶形式中，我們看到婦女經濟角色的簡單化。但是無論如何，在主幹與聯合家戶中，母親與她們媳婦之間的工作角

色仍有差異。在表 23 中顯示，7 個主幹家戶中媳婦們專門從事農耕，而她們的婆婆則做煮飯與其他的家事。然而婆婆的地位逐漸改變，21 個聯合家戶中有 17 個，婆婆已從大部分的勞動中退休而完全承擔管理的角色，其中 1 個則完全退休。

從與兒媳婦一起工作轉為監督兒媳活動之前，婆婆就是個主宰的人物。從一開始購買食物就是她的特權，只有當她預計不在家或是她生病時，這個責任才委託給兒媳婦。當婆婆行走於家戶中時，褲袋明顯地掛著一串鑰匙，這是串打開儲藏室的鑰匙，而食物或設備則保全於這些儲藏室中。這串鑰匙與她丈夫擁有的一樣，是婆婆完全控制家庭事務的象徵與證據。

在聯合家庭中，媳婦一部分的時間是在田地工作，而另一部分時間則是輪流在家戶中做家事。每一個家戶輪班的長短時間各有不同；最常見的，如果有 2 個媳婦，每個人在廚房工作 15 天一輪；若是 3 個媳婦，每一個 10 天一輪；有一個家戶有 6 個媳婦，每個媳婦做家事的時間是一星期一輪。

婦女在家中的職務是，大部分時間花在準備家戶的每一餐以及照顧家的豬，豬圈大都座落在離家不遠的地方。她的第一件工作是為家庭成員準備早餐，當食物與米飯在鍋中燜煮的時候，她到附近的河邊或灌溉溝渠邊洗衣。在河邊她與姒娌們一起洗衣；不過她們各自洗自己那一房成員的衣服，而輪到做家事的婦女則要加洗公婆的衣服。

早餐煮好讓大家吃飽以及洗好碗之後，她接下來的工作是準備豬的食物。她採收一天份量的蕃薯葉，這些蕃薯葉通常種在離家不遠的田地上。然後她切蕃薯葉以及烹煮切好的葉子，經常是在豬圈旁一間被撥出來專門做豬食的房間中處理。以前使用的是手拿的切菜刀，現在大部分的菸寮家庭都有一臺機器用來切蕃薯葉與蕃薯；這臺機器由鐵製成，在機器上方的漏斗處放進蕃薯葉，同時用腳壓下踏板來操作。這臺機器切豬菜切得較快也較省力，通常女孩的嫁妝中會有一臺；嫁妝中有一臺切豬菜的機器反映了養豬屬於例常家事，是女孩娘家對女孩福利繼續關心的聲明。（到 1972 年，許多這類機器轉變為機動的。）

表23　住在菸寮複合家戶中婦女的工作與管理角色

工作角色	主幹家戶			聯合家戶			
	母親	媳婦	女兒	母親	媳婦	女兒	孫女
全職薪資工作			1			6	3
只做農事		7	3				
只做事業經營		1ᵃ					
只做各類臨時工			2				
農事與各類臨時工		1	1	1	2	4	3
全職家事（單獨）	7		1	1			
半職家事（分擔）ᵇ	1						
各類臨時工（單獨）		1					
同上，分擔	1	1					
事業經營（單獨）				1	1		
同上，分擔					3		
農耕（單獨）	1				1		
同上，分擔		1			33		
農事與各類臨時工，分擔	2	2	1		12		
管理角色，只做家事管理	1			17			
總數	13	14	9	20	52	10	6
退休	1			1			

ᵃ 有一女兒與隨妻居的丈夫。

ᵇ 家事可能由母親與媳婦分擔，或者由幾個媳婦輪流。

　　每天早上、午後與黃昏要餵豬；每一次餵食，這位婦女要準備好幾桶的混合好的食物，這個混合食物包括前一天切好與煮好的蕃薯葉、豆餅、米糠、蕃薯、以及各種買來調製過的食物。豬食內容的比例因技術不同與動物年齡的不同而有差異。

家事當班的婦女在庭院採收她為家人準備一日三餐所需的一些或所有的蔬菜，她也要照料家中的家禽。大部分媳婦的家事都有完整固定的日常工作慣例，她的婆婆有時也會指派她做些額外的工作，如收集與捆紮生火用的木材。在稻米收成時期，她常常與婆婆，如果婆婆體力上許可的話，一起曬穀與簸穀。

當婦女家事輪班結束後，她回到田裡在農場經營管理者的指揮下工作。大部分的農業工作男女都一樣一起做。稻米耕作期間，一開始的除草通常限由婦女來作，而犁田則由男人來做，不過男女兩性都做插秧與收成的工作。在菸草種植的大部分階段兩性沒有工作上的差異，屬於男性專業的工作是犁田、當菸樓乾燥室開始運作時的當班、以及篩選菸葉為不同的等級等等；而將菸葉展平與捆成一小紮的工作則是男女一起做。由於農事上大量雇用婦女，不必驚訝她們是可以換工的勞力。

在農事組織上不強調男女兩性的差異，正好加強男性在家庭經濟全面管理上居於優勢的地位。在家庭與家戶的各種複雜農業活動中，婦女都廣泛地參與，但是當家中成人勞動力增加時，她們漸漸被侷限在農業這個範疇；男性在農業上也有一般性的角色，但是當他們從事愈來愈多非農業的工作，以及他們往返農場與事業間，獨攬管理者地位時，他們的支配性逐漸明朗。

像這樣的性別地位，在經濟活動的安排上是重要的要素。擁有較少的工作勞力時，性別分工可能對工作效率有害，而效率又居於首要地位；但是當一個家有許多大人時，性別區分就有很大的自由度。成人數目的增加還包含婚姻，婚姻造成結構上的改變；當一位婦女參與日常家庭經濟生活的範圍減少時，她被交付新的工作領域，而此是禁止男性參與的。接下來讓我們思考，婦女地位的改變會是如何，以及她們對複合家庭組織的重要隱含意義。

第六章　婚禮與婦女

當我們思考在菸寮婚姻對家庭的延續與人口統計學上的涵義時，或者對家庭組織上量的改變時，我們只須強調婚姻的一個單純特性；男子被認為是唯一可與他的新娘有性關係的人，同時新娘通常被併入到他的家庭中。由於婚姻被如此描述，結婚儀式的意義便落在以習慣的方式來宣稱與確認新的結合。

一旦我們面對因婚姻而造成家庭組織重要性質的改變時，我們不能輕易地不去思考婚禮儀式，因為事實上這些改變是在儀式順序中引發，而在婚禮時達到最高點。我們已經談過婚姻具有創造力的要素，它確認男子為成人，以及重新定義他們與家的合作基礎；這個形成的過程也包括先生與妻子在大家庭裡形成一個新社會單位的意義，以及所創造出的新財產關係與經濟角色。我主要是從婚姻過程對家庭發展的意義來思考婚姻；首先我概述婚姻的習俗，接著我將進一步詳細描述儀式順序中的某些成分，這些成分會直接形成家庭結構與經濟組織的改變。婚姻是一個公開的重大活動，不僅僅是儀式順序的安排要能確保愈多人觀禮愈好，同時婚禮雙方家庭也必須能獲取許多其他家庭的支持與參與，好讓婚禮能成功進行。積極參與婚禮的許多家庭在美濃社會系統的大框架中，都與新娘及新郎的家庭有關係，我將試圖展現這些家庭是在什麼基礎上，以及為了什麼目的而加入了行動。

婚禮導向建立一個新的「丈夫妻子」單位，這是我在菸寮的田野期間觀察到 19 個婚姻的總結。每一樁婚姻發生於菸寮家庭中的一位成員與一位外來者之間；這 19 樁婚姻中 10 個新娘與 9 個新郎來自菸寮家庭（但是其中 2 個新郎婚前一直住在菸寮外，婚後帶著新娘一起離開菸寮）。19 場婚禮中第一場是在 1964 年 2 月 28 日，最後一場是在 1965 年 6 月 19 日；但是，當然在不同的時間，不同的家庭參與到儀節的不同層面，而在婚禮當天達到最高潮（欲瞭解臺灣客家婚禮的一般論述請參考廖素菊，1967）。

美濃的婚禮已經「現代化」，主角現在都乘坐出租車（大約從 1955 年起）而非坐轎子，新娘與新郎穿西式禮服，而且用卡車來裝嫁妝與其他東西。但是婚姻的結構仍是非常中國傳統，而且過程架構仍符合古代的「六禮」，傅利曼對「六禮」概述如下：

> 找新娘的家庭請媒人到女孩家中詢問；媒人要來族譜與生辰資料；女孩的命相與男孩相合；交換禮物而敲定訂婚；婚禮（就是，移交新娘）日期確定；新娘被移交。（Freedman, 1970b: 181）

婚禮另外一個傳統面向就是人與物的移動是在複雜的儀式框架中進行；許多在美濃變異的中國宗教系統，或多或少會出現在儀式的程序中，因為儀式中不僅祭拜祖先，也祭拜道教眾神中主要與次要的神明。

一個家要安排男孩或女孩的婚姻，首先要接觸或接受媒人（mei-jen，*moe-gnin*）的服務，媒人可能是男人也可能是女人。媒人可能是被動的服務那些已有非正式協議的兩個家，也可能是積極的配對者，讓兩個有適婚人選的家彼此留意。媒人的配偶在許多儀式中必須配合，儀式中在許多不同點上需要丈夫與妻子個別或一起來承擔媒人的角色，而且媒人也可能只在婚姻雙方已在事前確定所有細節後的儀式中服務。

當雙方家庭表達有興趣的意願後，媒人會安排「看細妹」（*k'on se-moe*，看女孩），這是最後結婚的正式程序中的第一個。年輕男子在他的父母、其他家庭成員與幾個至親或朋友的陪同下拜訪女孩的家，女方也由類似的組成團體接待他們，媒人也出席現場，然後由女孩親自奉茶點給每一個在場的人。大約一小時左右，拜訪者離開，這位年輕男子留下一個小紅包（通常是新臺幣 60 元）。

女孩的家人可拒絕這個婚配而請媒人退回紅包錢；如果他們留下紅包，年輕男子這邊可以置之不理（這幾乎是一個侮辱性的拒絕方式），或者男方請媒人去取女孩的「八字」（pa-tze，*pat-se*），她的生辰命相。女孩的八字配上年輕男子的八字，由專家判斷他們是否有成功婚姻所需的協調性。

如果男方的家人決定要拒絕這個婚姻，可接受的方式就是跟對方說他們倆八字不合；事實上，拒絕的例子中只有少數是因為八字不合的結果。

　　大部分準備結婚的人，在進入下一步主要的儀式：「迁家門」（la ka-moun）（拜訪家門）之前，「看細妹」的拜訪不只一次。拜訪家門的場合，女孩家的代表到她未來配偶的家中接受午餐款宴；一起參加午宴的有：和女孩父母一起去的其他家人，主人的親戚與朋友、媒人，但是絕對不包含女孩自己。「迁家門」據說是為了讓女孩家人有一個機會察看新郎的家與周遭環境，而在此事之後婚姻仍可取消，不過這是很少有的事。

　　到目前為止，所描述的事情提供了一個儀式的框架，用來選擇配偶與婚姻協議談判；安排這些活動本身並沒有要一個家承諾一個婚配，而且這個階段的許多事情提供了一個機會去尋找滿意的婚姻。然而，也正是在這樣的過程中，雙方家庭可以對這椿婚姻達成圓滿的協議。婚禮是一整套的儀式過程，一個儀節接著一個儀節，這樣的流程太重要了，不容絲毫錯亂。

　　敲定好訂婚的日期是雙方同意這椿婚姻的宣示。新郎家會請教專家，專家在一張紅紙條上寫下日期，也安排好接下來主要儀式的時間，包括婚禮當天的儀禮時間，所以這表示訂婚是一系列互相連結互相依賴的事情中的第一件。在選出舉行訂婚儀禮〔「過定」（kuou-t'in）〕的那天早上，代表新郎這方的團體坐出租車到女方家；與新郎一起去的有：新郎的父母、其他家人、媒人（夫婦）與新郎的父方至親與好友。他們攜帶許多禮物與大筆聘金（p'in-chin，p'in-kim）；他們到達後進入女方的祖先大廳，女孩的家人將禮物放在祖先牌位前，同時奉酒、燒香和燒紙錢，並且向祖先報告女孩訂婚這件事。其他客人，大部分是主人的親屬，被邀參加接著的訂婚喜宴；喜宴結束後換成男孩的家人接收禮物，他們帶著禮物坐出租車回去。

　　訂婚儀禮之後，新郎家開始準備新婚夫婦的房間，這是他們婚後睡覺與放私人物品的地方。「安床」（on-ts'ong）的日期與時間也包含在婚禮儀式的過程之中，通常是在舉行婚禮的一個星期以前。「安床」之後要有一個人，最好是即將結婚的這位男子，每天晚上睡在這張床上，直到新娘新郎住進來。

　　主要的儀禮活動直到婚禮前一天才重新開始。那天下午，新娘的父親或是代表父親的父方至親，獻祭品拜祖先，有時也會到鄰近的一、兩個土地公〔「伯公」（pac-koung）〕廟去獻祭品祭拜。祭品包括酒、蛋、禽肉、墨魚與豆腐，由辦婚宴的食物中拿出，祭拜完後再拿回去用於婚宴。

　　新郎的家也在那一天舉行「敬外祖」（kin ngoe-tsou，敬母方的祖先），有一套精緻複雜的祭祀過程。在一系列的獻祭中，最重要的是到新郎外公以及新郎祖母的父親這兩人的祖先大廳祭拜，在拜訪這兩個祖先大廳時，還穿插著去兩個重要的廟祭拜，一間廟在菸寮附近，另外一間在美濃。新郎回到家後，他再到村中土地公廟祭拜，以及祭拜「豬欄伯公」（tchou-lan pac-koung，豬圈神），此神保護家庭的牲畜。[1]這些祭品與新娘家的祭品類似，但是還包含了幾盤由糯米做成的小甜點。每一組祭品祭拜結束後，小甜點分給參加者與旁觀者，主要是給小孩，而其他的祭品則歸回婚宴時使用。

　　由「敬外祖」中表明了對親族聯繫的重視，接著是同一天的黃昏，由許多父系親屬參與的儀式，也就眾所皆知的「完神」（van-chin，完成祭祀神靈）。這是個很長很複雜的程序，開始的時間在晚間 7 點到 8 點之間，通常持續到半夜（有一次的儀式正好碰上颱風縮減為兩個小時）；首先祭拜「天公」（天上的神），接著祭拜合院的祖先。所有當地共用此祖先大廳的父系親屬都會參加，在「完神」儀式進行中，合院中的男子、女子與小孩都重複地到祭拜桌前，拿著香，依照請來的儀式專家的指示鞠躬行禮。

　　婚禮的前一天早上，結婚雙方家庭的合院中展開大規模的準備工作。來每一個合院幫忙的親屬與鄰居是主人家請來的；新娘家通常請 20 到 25 個人幫忙，他們一直幫忙到第二天晚宴結束；而新郎家則請 40 到 50 個人幫忙，他們的工作直到第三天午後才解散。在每一個合院的男性幫手，幫

1　這兩間廟分別是龍肚與整個美濃地區的宗教中心，而菸寮的地方廟對菸寮本身也具有同樣的意義。所以祭祀包含新郎家參與社區組織層級的認同，而關於社區組織的層級已在第二章中討論過。

忙運送與安排遮雨篷、桌子、椅子以及婚禮儀式與喜宴需要固定的東西；大部分的桌子放在合院的庭院中，其上有帆布或是塑膠的遮雨篷保護，遮雨篷接在合院的底部與兩側的屋簷上。

幫忙的人，男性女性都一樣，大部分的時間花在準備與服務用餐；除了主要的婚宴之外，在幫手工作期間有小規模的餐宴，所有人的飲食皆由主人供應。辦婚宴的家庭有最重要的幫忙來源，就是自己合院裡的其他家戶；親族親屬或鄰居是在主人要求時才來幫忙，但是當地父系親屬的每一個家庭都會貢獻人力。同時，合院中屬於不同家戶的廚房都會用來準備婚禮期間的每一餐，以及當地父系親屬與主人與幫忙者一起的餐宴。

新娘家這邊，婚宴與幫忙的人所需要的食物，有一部分由新郎家在婚禮前一天早上提供過來；新郎家一位代表送「豬片」（*tchou-pien*）過來，「豬片」是重量約在 76 到 80 臺斤（99-104 磅）左右的一塊肉。新郎家同時還送另外一塊重約 20 臺斤（26 磅）的豬肉，就是大家熟知的「阿婆肉」（*a-p'o-niouc*），「母方祖母的豬肉」。這是送給新娘家母方祖母的禮物，據說是表達對新娘外婆撫養新娘母親的感謝。新娘這邊要儘快將肉送給相關的家庭（如果已分家了，這塊肉就分配給衍生出去的每個家）。

讓我們暫時想一想，「阿婆肉」分給似乎與新娘家關係較遠親屬的意義。雖然「阿婆肉」乍看之下是由新郎家供應，事實上它是再一次確認新娘家的親屬連結。「阿婆肉」可以跟先前描述過的「敬外祖」禮儀同等看待，即使「敬外祖」是新郎在外公與祖母父親的祖先大廳祭拜。當然事實上，兩個禮儀都是在確認新娘或新郎父母因婚姻而產生的親屬關係。兩組禮儀有不同的上一代親屬做為注意的對象，但是如果一起來看這些親屬，他們恰好提供父母上一代非父系的聯繫，可以併入一個聯合的系譜中，全部有 8 個祖父母，如圖 7 所示；父親的父系祖先在「完神」儀式與禮儀順序的許多點上受到最大的關注。當然就一個家而言，「阿婆肉」的分配與「敬外祖」不會同時發生，只有很少數兒子與女兒聯合的婚禮才會發生（在美濃有這樣的例子，但菸寮沒有半個）；不過當他們的兒子與女兒同時結婚時，大部分的家庭會先行一個禮儀，然後再行另外一個禮儀。

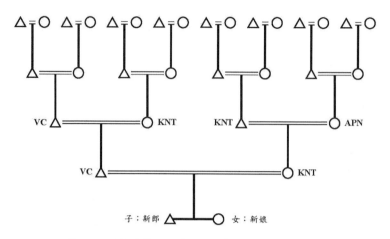

圖7　婚禮儀式中強調的親屬聯繫

圖碼：VC　＝「完神」與其他儀式的父系祖先大廳

　　　KNT ＝「敬外祖」（敬母方的祖先）

　　　APN ＝「阿婆肉」（母方祖母的豬肉）

　　這些禮儀不是單獨的事件；它們納入習俗的領域中，因此另外一個內涵是表達親族關係的聯繫，它是美濃社會結構的一面，其重要性我們已從不同的角度看到。密集親屬網絡的面向在婚禮儀式中被強化不是偶然的，因為經由婚姻，一股股新的關係被織進親屬的網絡來。

　　婚禮當天是整個儀程的最高峰也是最忙碌的一個階段。一大早，當新郎家雇用的卡車到達合院後不久，第一個團體就離開出發了，時間通常在6點以前。車子在合院停留的時間，剛好讓幾個人將一個「肉盒」與一個「蔬菜盒」搬上車，然後這些人再上車。食物與裝有東西的盒子是供給新娘家使用的材料；盒子中也裝有小神像、儀式用的紙錢與鞭炮。卡車上的男士們就是所謂的「車郎」（*ts'ia-long*）或「婚禮的腳夫」，他們之後會再由新娘家將嫁妝送回新郎家。新郎的「車郎」是親戚或朋友，有些才18、19歲，最大的約30歲出頭。跟他們一起乘車的有4位樂師，在去新娘家的途中，樂師們吹奏傳統的樂器。

　　沒多久，新郎團隊的其他人坐出租車出發。新郎，穿西裝打領帶，由媒人（夫婦）與兩個「同行」（*t'oung-hang*）或「旅伴」（co-travelers）陪同。在新娘家進行儀式時，「同行」代表與保護新郎與他家人的利益。通常其中之一是對婚禮過程非常瞭解的親戚或朋友，在新娘家時他可提點新郎；而另一位「同行」，盡可能請來美濃鎮政治上及政府機構中有名望的人，如鎮長或農會首長，如果新郎家剛好與他們有親戚關係的話，或者這一家原本就很有影響力。這些有經驗的人還有另外一個「同行」的責任，就是當新郎在新娘家用早餐時，他們必須幫忙喝大部分強加於新郎的酒以讓新郎保持清醒。「同行」還帶來更多的紙錢、香、蠟燭、酒、糖果以及一個容器，以紅紙條封住，就是有名的「牒盒」（*t'iap-hap*，請帖盒）。在這個牒盒裡有 8 個「紅包袋」和一張邀新娘家人到新郎家午餐的請帖。這些「紅包袋」總數不超過新臺幣 300 元，分送給下列的人：（1）新娘家的小孩，（2）新娘的美髮師，（3）為新娘家準備婚宴的廚師，（4）幫忙處理等一會在新郎家那邊婚宴上新娘要分送花的婦女，（5）在新娘祖先大廳上點燃蠟燭的男士，（6）新娘化妝前為新娘挽面的女士，（7）為新娘做衣服的裁縫師，（8）新娘的家。

　　當卡車到達新娘家時，帶來的物品被排放在祖先牌位前的桌子上，同時婚禮腳夫們被帶到另一個房間，由主人供應他們點心與香菸。接著載著新郎、「同行」與媒人的出租車來到，除了新郎外所有人都立刻下車，新郎在車上等待，直到新娘家的一位拿著放有兩根香菸拖盤的小男孩請他下車時才下來。新郎將一個裝有新臺幣 5 元的紅包袋放在拖盤上，然後下車，由「同行」引導直接進入祖先大廳，他手拿著香，與新娘家人或其父系至親中的一位男士，一起對著祖先牌位鞠躬。他們行禮之後，婚禮腳夫帶來的食物從供桌上移開交給新娘家的幫手準備餐宴，大廳中的桌子被用來準備早餐，這是新娘家出資辦的主要婚宴。

　　婚宴的客人中有少數幾位被選出來在大廳中用餐，而其他客人則在搭有大遮雨篷擺好桌椅的庭院中饗宴。特別要注意那些在大廳用餐的人，大廳中有 4 張桌子，每張桌可以坐 8 個人。在大廳後方與牌位右邊的那張桌子，是「同行」、媒人（男士）和其他顯要客人與新郎同坐的桌子；新郎右

邊是最受尊重的座位，通常都給新娘合院中最年長的男性坐，有時他會婉拒而將座位留給其中一位「同行」，特別是如果這位同行是顯要的人士時。在大廳中，其他桌的人是婚禮腳夫們以及一些應邀參加婚宴比較顯要與年長的男士們。每一桌都有一位代表新娘家的男士；整個喜宴用餐中他不斷為客人們添酒、奉菸；同時其他家人則在一桌桌間巡迴向客人敬酒。受到主人特別款待的婚禮腳夫們，之後在新郎家也會以同樣方式回報新娘的腳夫們，事實上兩家在做主人這方面都盡力款待對方。

除了新郎這邊的代表外，在大廳中的客人跟大多數在庭院中的客人一樣是「付錢的客人」。婚禮請帖是寫給家長（chia-chang），不過其他家人有時也會代替他出席。當客人到達時他會先到禮桌前，由一位男士收下客人的禮金，然後紀錄禮金總數在一個小本子上。所有的客人都會送禮金，較親近的親屬會比遠親、同村村民、朋友或同事致送較多的禮金。每一個婚禮邀請的客人數目不太相同，不過新娘家這邊早餐宴會邀請的客人數目通常在 75 至 100 人間，而新郎家那邊主辦的中午或下午的喜宴所邀請的人數則在 150 人以上。一個家被雙方邀請是普遍現象，他們會派遣家人參加兩邊的喜宴。主人以邀請一個家參加婚禮來表達與運用其社會關係；一個家故意忽略一份邀請，不僅終止了不管什麼樣的正面關係，也會不可避免地轉變成某種敵意。大部分例子中，適當的做法是一位家庭代表去參加喜宴，然而住在很遠的親戚與朋友通常只送禮金過來而沒有出席喜宴。客人的禮金是送給主人好讓他做為婚禮開銷的貼補。

上述所有活動期間新娘都留在房間裡。穿著西式新娘禮服，新娘近中午時才現身，通常大約是 11 點以後；她跟在新郎後面，被帶進祖先大廳，當天是最後一次在新娘祖先牌位前兩人深深鞠躬。接著他們進入出租車，與新郎的「同行」及媒人（女子）一起乘坐。新娘的旅伴（也叫做「同行」）6 或 8 個女孩，乘坐第二輛出租車或是等第一輛回來再搭乘。女孩們是新娘同年齡的朋友或親戚；她們攜帶一籃在新郎家要用到的花前往。

差不多同時，新娘的腳夫將嫁妝裝上卡車，這輛卡車就是先前新郎那邊開過來的；現在卡車上裝滿了貨物，而早上它來時是相當空的。新娘的腳夫與新郎的腳夫一樣，是年輕男子，都是親戚或朋友。他們與新郎的腳夫還有樂師們全都擠在裝著嫁妝的卡車上，當卡車離開時，對新娘這邊而言，婚禮當天的儀式就結束了。

不過對新郎家這邊，主要活動是在載著新郎、新娘與其他乘客的出租車到達時才開始；除了新娘外其他人都下車，像新郎之前一樣，新娘等新郎家一位年輕家人「邀請」後才下來；在她將一個「紅包」放在拖盤後，她從車上被引導下來直接到新郎家準備好的「新房」，當她的同行到達後也與她一起待在新房裡。當卡車到達時，新娘的腳夫們立刻將嫁妝卸下。

這個時候，客人陸續到來，收禮金的過程也跟在新娘家那邊的情形一樣。不過，在新郎這邊對比較有錢的家庭來說，中午請一頓喜宴，較晚一點或黃昏時再請一頓，並不是罕見的現象；第二頓喜宴主要是為宴請非親屬，一份請帖邀一個人，這些人與主人家有商業、政治或其他關係，屬於美濃當地社區之外的更廣闊人脈。然而中午的喜宴，是美濃社區裡安排婚姻的習俗，不管是否還有第二場喜宴，這場喜宴都依照相同的形式進行。午宴時新娘的腳夫在祖先大廳中受到款待，而特別的招待也慷慨地發生在新娘「同行」身上，她們坐在大廳外，但有自己專屬的桌子。午宴開始後沒多久，「插花」（ts'ap-fa）儀式開始：媒人（女子）拿著之前新娘同行帶來的一籃花，伴隨新娘從「新房」出來到庭院中的客人之間，她帶領新娘到一個個老婦人面前，她將一朵花交給新娘，新娘將花別在媒人指示的老婦人頭髮上，每一位被別花的婦人回送新娘一個小紅包。

新娘結束「插花」後回到「新房」。喜宴結束後大部分的客人都離開了，但有一些男士前往很擁擠的新房，他們要去「鬧新娘」（nao hsin-niang）；這些戲弄新娘的男士通常是新郎家的親戚，有時也會有一些非親屬一起去。

下午時分，專業照相師來時新娘再度出現；她回到新房直到她的旅伴要離開的時候，這時她給每位旅伴一條手帕或是一瓶香水。差不多同時，

新郎送香菸給新娘的婚禮腳夫，與他們道別，他們回到卡車，之前載他們來時有嫁妝，現在是空的了。下午新娘再一次步出新房，與新郎一起到祖先大廳，在新郎父系至親指引下到祖先牌位前鞠躬行禮；然後他們向這位男士與新郎的父親行鞠躬禮。媒人（男性）也在現場；新郎向他鞠躬行禮，獻給他一個拖盤，上面有兩顆檳榔、兩根香菸、和一個裝有「媒人禮」（mei-jen li）的紅包，媒人禮是媒人的「佣金」，一般總數是新臺幣 220 元。所有人都離開後，新娘也回到新房，她留在那裡直到當天晚上。

當天主要儀禮的最後一項是「新娘酒」（sin-niong-tsiou），通常開始於晚上 9 點左右。小桌子直線排成一或兩條長列，桌上擺放新郎家提供的糖果、餅乾與水果。這個儀禮開放給所有受邀參加婚禮的家庭的成員，新娘新家的每個人也可參與。通常客人輪流圍桌而坐，先招待的是男性客人，他們離開後換成女性客人。每一輪大約持續 20 分鐘，新娘在媒人（女性）陪同下繞桌子好幾圈；先奉上檳榔，接著新郎加入一同奉上香菸，新郎幫接受香菸的人點菸；然後新娘提供酒與飲料讓每一位客人選擇；新娘再一次奉菸與酒，最後奉茶。當每一輪的客人站起離開時，會留下一點現金給新娘當賀禮。

「新娘酒」結束後，新郎再一次到祖先牌位前燒香，而新娘則直接進「新房」。幾分鐘後新郎到新房與新娘會合，開始「下花」（sia-fa），就是「將花移開」，這些花別在她的頭髮上，是婚禮化妝的一部分。媒人（女性）與幾位新娘家來的婦女幫忙新娘換下新娘服穿上一般的衣服，然後伺候她那天的第一餐。很快地除了媒人之外所有婦女皆離開，媒人說「百子千孫，萬年富貴」（pac tze ts'ien soun, van nian fou koui）（祝你多子多孫，祝你永遠富有），說完媒人離開，留下這對新婚夫婦在新房。

婚禮的第二天依然安排有儀式活動。一大早，新娘新郎進入家庭廚房在廚房的神像前燒香；新娘則可在任何一個地方留下新臺幣 2 到 10 元之間的紅包，據說此象徵新娘為了沒有替她的新家準備這一天的餐食而道歉。然後她開始「回訪」她父母的家〔「轉門」（tchon-moun）〕，陪同前往的有媒人（女性）、新郎以及新郎的雙親或其中一位。

　　「轉門」的一行人坐出租車前往，帶著到主人家祖先大廳祭祀用的相關東西，包括鞭炮、香、蠟燭、一瓶酒與一些糖果。大廳的儀式之後，午餐讓因婚姻而產生的新親屬成員聚在一起；除了「轉門」的一行人之外，新娘的父母邀請其父系親屬與因婚姻而有的親族一起饗宴。男性媒人可依照自己意願，選擇出席或不出席，通常也會有一些新娘父母的朋友參加，不過主要還是屬於新舊親屬的宴會。

　　中午過後不久，「轉門」的一行人回到新郎的家，此時借來做為婚禮用的東西已經歸還，其他與前一天活動有關的雜務也都由幫手們處理好，幫手們也都在中午時在新郎家用完最後一餐。當天晚上，準備晚餐是新娘第一次為她的新家做飯。她第一次洗澡，用的一桶熱水是一位家中年輕男子準備的，新娘要給他一個新臺幣 5 元或 10 元的紅包做為報酬。然後換她為家庭成員燒熱水，他們如平常一樣陸續使用一間或兩間浴室。在每一桶熱水旁她擺放一雙她娘家送的拖鞋。這些「夾腳鞋」（t'iap-kioc hai），與嫁妝一起送來，送給新郎家的所有會走路的成員。新娘分配拖鞋是表達她對新家的忠誠與義務，不過當她在那天晚餐後或是接下來的兩天中某個時間，送出另一類的「號位鞋」（hao-vi hai）時，她會得到報酬。新娘還會再回娘家兩次，這是娘家招待她的新家人與親屬的時間；被稱做「十二日」（chip-gni-gnit）與「滿月」（man-ginet），不過常在這兩個日期之前早幾天進行。這些拜訪是婚禮過程中的最後一項，而且是最簡單的活動之一，前往的交通工具是腳踏車，也不用在祖先大廳準備祭品，而且餐宴客人也不多。

　　我們現在來看看，從訂婚開始的儀禮所組成的一系列經濟活動；錢與貨品在新娘與新郎的家之間轉換，其他的交換也將非家庭的成員，主要是親屬們都拉了進來。在菸寮，我觀察了 19 個像這樣安排的婚禮，新娘與新郎是婚禮架構中大部分財富流通的最終受惠者。這包含以下的 3 個婚禮，此處新郎在婚前就已經濟自主，婚後與他的新娘又一起回復到同樣的情況；其中兩位男子回到菸寮的原生家戶舉行婚禮，然後回到臺北，另一位與菸寮女孩結婚的男子，同樣地只是暫時回到他在美濃其他地方的生家。

16 對新婚夫婦加入有其他家人的同一家戶中，其婚禮交換的模式對家庭發展有額外的隱含意義。新娘被賦予有權擁有她所得到的現金，而且可以獨立處置她自己的財富，同時有其他的配額讓夫妻是一個財產擁有的單位；然而仍然有屬於家庭財產的類別，在婚禮交換中顯現出來。

各類財產的領域提供了一個框架，安置經濟組織的不同元素，呈現複合家戶與包含性經濟的複合家群的獨特性。在討論產生新財產領域的配額時，我提議可大致順著婚禮儀式產生的交換序列來進行；不過我想，如果能特別觀察不同的報酬建立起女子的獨立權力，將會更有啟發性。因此我在處理其他事情後，再來討論這些配額。

與新娘新郎的贈予有關的第一次交換禮物是在訂婚之時，同時再一次強調雙方對婚姻的承諾。最貴重的獨特項目是新郎家給新娘家的訂婚聘金。「標準」的金額據說是新臺幣 12,000 元，不過實際給予的總數會有些差異；引起我注意的最高的金額是新臺幣 12,600 元。在菸寮最富有與最貧窮的家庭所付出的聘金，與「標準」的差異相當小。訂婚聘金常常分兩次來交付，一部分是在訂婚儀禮之時，剩下的部分則在結婚婚禮之前幾天。聘金絕對不是「購買新娘」（brideprice）的一種形式，因為事實上它是對新娘家花在婚禮消費的部分補助，大部分的例子中，新娘的嫁妝花費比新娘家收到的聘金還要多。對女孩的家而言，在經濟上並沒有從聘金中獲益多少，因此聘金不屬於固定分配類別，與其他的訂婚禮物有別。

在婚姻禮儀的框架中，有一類東西包含在儀禮本身所需要消費的食物與項目中。在訂婚儀禮中，這一類東西中最重要的是訂婚喜餅，新郎家大約要送 120 至 160 個餅到女方家。這些餅是用糯米做成而內餡放糖果與堅果，新娘家收到這些餅後，回送一小部分給新郎家，兩家再把這些餅分送給朋友與親戚，通常一家送一個餅加兩顆檳榔。喜餅的分送對新娘家這邊特別重要，因為喜餅是女方辦的婚禮喜宴分送印刷喜帖的替代品。訂婚時，以新娘家為一單位而送的其他貨物也是屬於消費類的物品，同樣的新娘家這邊給新郎家的禮物也屬於這一類。

　　屬於第二類的婚禮物品，是在訂婚與之後的儀禮結束後還存留下的品項；有一些，如領帶夾或戒指——比衣服與肥皂耐久，不過都成為一段時間的「財產」。在訂婚儀禮時，只有新娘或新郎以個人身分，或是以兩人一體的身分接受第二類的禮物。新娘收到的金銀珠寶是屬於新郎家給她的個人禮物，而從新娘家這邊新郎得到一只手錶與一套西裝，他將在婚禮當天穿著；新娘這邊也會給新娘新郎枕頭與一些其他的東西，不過這些禮物都比不上給新郎本人的禮物來得珍貴。

　　訂婚之後，贈送給新人的程序繼續著，安置新房〔「安床」（on-ts'ong）〕是新郎家的責任。新房可以是從新郎家居住的合院擴建出來的新房舍，或者是將使用過的房間徹底重新裝潢過。新郎家也會提供一些房間的家具，包括一張桌子、一個衣櫥、一件大行李箱、一頂蚊帳與一張木床。這張床是高起的平臺，從一面牆延伸到另一面牆，而且佔據整個房間的後半部；床上鋪著榻榻米（日式的床墊），還有滑動的門同樣地延伸到兩邊的牆，因此可關起門使床與房間的其他部分區分開來。

　　新郎家花在準備新房的消費，代表家庭財富到新婚夫婦的一種轉移。「安床」標出新娘新郎的私人領域，因為新房與新房內的家具僅限於他們使用。可以很有把握的說，訂婚時送給新娘新郎的個人物品，比任何一次他們曾經得到的東西都更有價值；但是因為這些是個人物品，相較於以前的配額性質上沒有什麼不同。然而，「安床」讓新娘新郎被界定為一體，他們對特定所有物共享權力，而此所有物有別於家庭財產及家庭成員的個人持有物。到現在為止，可注意到一間新房若由舊房間重新裝修，這間舊房先前可能是儲藏東西的地方，或者是未婚家庭成員睡覺的地方。據我所知，沒有一對夫婦搬出而讓給另一對夫婦進住的例子，若原是一對夫婦的房間應該是他們早就放棄這個財產了。

　　嫁妝的轉移，就價值與量而言，是形成婚禮過程中最大的交換，但是就像訂婚的禮物，整組嫁妝其實是分配給不同群體的人。以新郎家為一整體收取新娘這邊的嫁妝，包含家戶用品如：收音機（1965 年後或為電視機）、桌子與椅子、電風扇、螢光燈等；農耕設備（如：打穀機）也可能

包括在內。新婚夫婦得到額外的家具裝設他們的房間，還有寢具、腳踏車（或摩托車，如果新娘家富有的話）等其他東西。給新娘個人的衣服與其他東西，就價值與多樣性而言，都遠超過新郎所得，新郎在訂婚時已由新娘那邊得到禮物。

從訂婚一直到結婚婚禮當天，新娘得到的禮物讓她可以有獨力處理的財富。送禮物的人包括她的哥哥們以及當地她的父系群家庭的家長；除此之外的贈予者都是婦女，包括她的姊妹，合院裡其他未嫁出去的女孩與婚入的婦女，她的阿姨、姑姑、祖母，以及較遠的女性親族親戚。朋友送的是他們買好的禮物，不過數目遠比不上親戚，親戚們通常給新娘的是現金。有一個新娘收到的禮物來自35位家以外的友人：29位親屬中包括6位男性，其中一位如同女性朋友一樣送給她現金，而其他5位則送她非現金的禮物。

雖然現金禮物表明了親屬的正式義務，其他禮物更能表達親密與個人的友誼。如果就最先增加她的荷包而言，新娘依靠的是她在原生家中的親屬網絡關係，在新郎家時，從新郎家的親屬關係網絡上，她得到額外的現金收入。在新郎家的中午婚宴時進行的「插花」儀禮，每一位讓新娘在她的頭上別花的婦女，會回報新娘一個新臺幣5元到10元間的小「紅包」，放在媒人提著的花籃裡。給錢的這些婦女是新郎的已婚長輩親屬，包括父系的與親族的親屬。有一個婚禮中，新娘收到26位新郎親屬送的現金，如下所示：

合院之外的親屬		自己合院的親屬	
與新郎的關係	人數	與新郎的關係	人數
姊姊	4	母親	1
姑姑	6	伯母	1
姊姊們的婆婆	4	父之父之父之兄弟之子之妻	1
姑姑們的婆婆	2	父之父之父之兄弟之子之子之妻	1

（續上頁）

合院之外的親屬		自己合院的親屬	
與新郎的關係	人數	與新郎的關係	人數
父之母之兄弟之妻	2	父之父之父之兄弟之子之子之子之妻	1
父之母之父之弟之妻	1		
父之父之姊妹	1		
父之母之姊妹之媳婦	1		

當部分的錢來自現在因婚姻而連結的雙方親屬時，新娘對自己荷包的掌控權得到有力的確認；尤其是這些贈予者當中，有許多是新郎家的男性親屬，他們參加晚上「新娘酒」儀禮時給予新娘額外的現金。他們與新郎家的鄰居一起參加，而最有意義的是新郎家中成員的加入，我們可經由下列參加「新娘酒」的 64 人歸類後來說明：

參與新娘酒輪替的男性   **48 人**

新娘的新家人   4 人
其他合院的成員   14 人
外面的親族親屬   13 人
菸寮的其他居民   16 人
新郎外面的朋友   1 人

參與新娘酒輪替的女性   **16 人**

新娘的新家人   2 人
其他合院的成員   2 人
外面的親族親屬   9 人
新郎父親「相認」（*siong-gnin*）[2]（虛擬的）兄弟之妻   1 人
菸寮的其他居民   2 人

2　大部分「相認」（*siong-gnin*），或假的親戚關係，代表一種形式化與加強化已存在的友誼關係。彼此「相認」的人在儀式脈絡中有義務像親屬一般表現，而此足以確認與公開表明事實上已固定的社會關係。

通常，參加「新娘酒」的人留給新娘的紅包介於新臺幣 10 元與 20 元間；但在我上面列出的人當中，新娘的公公給新臺幣 100 元，新郎的 2 個兄弟當中，一人給新臺幣 10 元，另一個則是給 20 元。因為新家的這些男士參加「新娘酒」，這件事彰顯了她的新地位與男性家庭成員的不同。這些男士增加她私人荷包的錢，事實上就是家庭的錢，因為家庭經濟組織並沒有供應他們有自己的資金。然而，錢是根據「新娘酒」的形式進入新娘的荷包，禮物是由每一位參加的人個別贈予。新娘的夫家提供「新娘酒」的場合，表達支持她可以獲得額外資金，參加的人之中有親屬，還有一些人不是基於義務而是因為他們希望獲得款待。她的新家人與外人在同樣的基礎上參與這個活動，便是公開表明：她的家接受他們的新成員有明確但有限的經濟權力。

婚禮程序中，最後一個可以帶給新娘收入的是稱做「號位鞋」的分配鞋子；鞋子是由新娘娘家提供跟著嫁妝一起送去，這些鞋子是「賣」給她的新家所有比她和她先生年長的成員。新娘能賺取多少，是依據家中有資格收到鞋子成員的數目及「價格」而定，此價格在婚禮舉行前就已協調好，大約是店鋪價格的兩倍。有一位是第一個嫁入她「公公」家的女孩，只能「賣」給公公與婆婆「號位鞋」，每一雙新臺幣 150 元。她的全部收入是臺幣 300元，只比另外一個嫁進一家有 6 人「買」她的鞋的新娘少 60 元。那一家 6人給的錢如下：公公新臺幣 100 元、婆婆 100 元、先生的哥哥（2 位），一人新臺幣 40 元、嫂嫂（2 人），一人新臺幣 40 元。

如果在「新娘酒」的過程中，新娘被她的新家確認由外在世界得來的利益有進入自己荷包的權力，當新娘的長輩接受且付鞋子的錢時，此權力被進一步在家內確認。如同「新娘酒」的收入一樣，她「號位鞋」的收入也是家庭中的個人贈予，但在許多例子中，家人是先從家庭基金拿到錢，透過「號位鞋」的形式再把錢轉贈給新娘。新娘娘家花了很多心思在這些鞋子上，他們只有在與新郎家討論過後才提供鞋子，他們會問哪些人有資格獲得鞋子，鞋子的大小與想要的式樣，以及接受者願意付的「價格」為何等

等。這些鞋子提供一種儀式的方式，由女孩的娘家決定婚後她可從夫家的家庭資金中得到多少錢成為她的私房錢。這個儀式便是強調，原本平凡的事情變成兩家之間持久的關係，因為女孩婚前的家不僅關心贈予她的私人資金，也希望看到他們的新姻親能依據身分而尊重與行動，如我們會看到的，允許女孩保留這個資金甚至能增加它。

在「號位鞋」的交易之後，婚禮交換只剩「十二日」及「滿月」新娘拜訪其娘家之事。這些拜訪對新娘娘家來說相對地花費較少，可以很有把握的說每一次的消費低於新臺幣400元。我未能在表24-26中包含它們。在表24-26我概述一場婚禮中的經濟轉移，而婚禮在菸寮原生家戶中產生一個新的夫妻單位。在這場婚禮中，新娘與新郎的生家包含有農夫，而且在菸寮新郎這邊擁有的收入與財產，在村中家庭的貧富光譜中大約在中間。

新娘與新郎雙方家庭，在表26摘要的交換過程中，收到的比付出去的少，我在菸寮期間所看到的所有婚禮除了一個以外，的確是都如此。例外是一位男子的婚姻，他來自村中最富有家庭之一。這個家有位成員是個重要的政府官員，他送出600張以上的喜帖，許多農夫與這個家沒有社會關係，但是都在他的經濟與官僚影響範圍內。結果是，這個家收到的現金禮金有超過新臺幣6,000元的結餘。其他婚禮應邀的客人多多少少都與主人家有社交關係，而他們的出席是確認這些已存在的聯繫，他們送的禮金可部分補助婚禮儀式的消費。籌辦婚禮的家庭大部分的虧損，是在贈予這個大家庭組織中新娘新郎個人或兩人為一體的開銷。表26顯示，在這個例子中，新娘新郎獲得的禮物金額，若包括來自家庭與外人的賀禮，大約相當於兩個家庭虧損的71%，若不包括外人給的賀禮，新婚夫妻直接從他們家庭得到的金額約佔家庭虧損的63%。

表24　一個婚禮的經濟：新郎家婚禮順序期間的分配

儀式／事件	品項	價值	接受者／目的
訂婚	消費品：訂婚喜餅與儀式相關用品	新臺幣 $1,016	分給適當的人；祖先大廳的用品
	鬧鐘	250	新娘與新郎
	金飾珠寶	1,370	新娘
	訂婚聘金	12,200	新娘家
「安床」	「新房」的裝修與家具	3,869	新娘與新郎
婚禮期間（3 天）	消費品：食品材料，儀式相關用品，其他品項	14,442	用於舉行婚禮與婚宴
「敬外祖」	雇用機動貨車	100	祭祀的旅途之用
婚禮	印喜帖	100	婚禮客人
	殺兩隻豬（含稅），重量（兩隻全部）480 臺斤（624 磅）	5,751	新娘家：豬肉 70 臺斤，新娘母親的母親家：20 臺斤剩下的做為婚禮之用
	雇用嫁妝卡車	350	在新娘與新郎家之間載貨物與人
	「牒盒」「紅包」	260	新娘家：新臺幣 $82 其他合適的人：新臺幣 $178
	新郎分送出去的「紅包」	50	新娘家適當成員與其他人
	應邀客人送的禮金	15,660	新郎家
	「插花」：新郎家親戚給的禮金	170	新娘
	付給媒人的錢	220	用於所扮演的角色
	付給禮儀專家的錢	70	因其提供服務
	付給廚師	130	因其提供服務
	「新娘酒」家庭成員以家庭基金的支付	130	新娘
	「新娘酒」家庭成員沒用家庭基金的支付，與其他人的支付	1,010	新娘
婚禮與「轉門」（回訪）	出租車	315	載送新娘與新郎家的人

（續上頁）

儀式／事件	品項	價值	接受者／目的
婚禮	退回某些客人的禮金	510	「特殊客人」[a]、廚師、媒人、儀禮專家
	付給樂師的錢	650	因其提供服務
	新娘禮服	300	租的
「號位鞋」（贈送鞋）	家庭的現金支付	360	新娘

[a]「特殊客人」包括的人，如鎮長，因為他們的在美濃政治或社會相當傑出。這些人參加無數的婚禮，可以理解如果不退回他們的禮金會是不可能的財務負擔。不過他們可能會拒絕收回如果婚禮主人是他自己的親戚；最好的朋友，或是政治伙伴。

表 25　一個婚禮的經濟：新娘家婚禮順序期間的分配

儀式／事件	品項	價值	接受者／目的
訂婚	消費品：食品材料	新臺幣 $1,000	訂婚喜宴
	手錶、衣服等	2,573	新郎
	枕頭、手帕等	231	新娘與新郎
	香水	14	新娘
婚禮前的贈予	親戚朋友送的禮金	1,240	新娘
婚禮期間（包含轉門）	消費品：食品材料、儀式相關用品，其他品項	2,838	舉行婚禮儀式與喜宴之用
婚禮	嫁妝：	4,531	新郎家
	落地收音唱片機	2,200	
	唱片	32	
	圓桌與 8 張凳子	700	
	小桌與 4 張椅子	620	
	電扇	470	
	電茶壺	95	
	燈的配件	100	
	茶壺茶杯	70	
	零星的品項：拖盤、閃光燈、菸灰缸等等	244	

儀式／事件	品項	價值	接受者／目的
婚禮	嫁妝：	2,763	新娘與新郎
	腳踏車	1,300	
	毯子	460	
	窗簾	150	
	兩張椅子	180	
	零星的品項用於「新房」：枕頭、屏風、鎖、鏡子等等	421	
	浴廁用品：牙膏、牙刷、肥皂、軟膏、洗臉盆等等	252	
	嫁妝：	4,720	新娘
	縫紉機	1,000	
	手錶	400	
	電熨斗	45	
	衣服	2,520	
	個人用的零星品項：針、線、紗線、口紅等等	355	
	額外做衣服的現金	400	
	嫁妝：個人用的現金	1,000	
	嫁妝：手帕（9 條）	54	新娘「同行」（旅伴）
	嫁妝：鞋子與拖鞋（「夾腳鞋」與「號位鞋」）	598	新郎家的成員
	嫁妝：附加在各種品項的錢	260	新郎家
	新娘用的紅包	68	新郎家成員與其他適當的人
	參加喜宴客人送的禮金	3,080	新娘家
「轉門」（回訪）	給新郎家親屬的小孩	285	與「轉門」一行人一起去的小孩

表 26　一個婚禮的經濟：分配額與所有婚禮開銷的摘要

新郎家	A. 分配額的價值	新臺幣 $42,413
	B. 從新娘家收到的分配額的價值（不包含消費品）	4,791
	C. 其他來源的分配額的價值（不包含消費品）	15,660
	D. 所有婚禮的開銷（A 減掉 B 和 C）	21,962
新娘家	A. 分配額的價值	20,935
	B. 從新郎家收到的分配額的價值（不包含消費品）	12,282
	C. 其他來源的分配額的價值（不包含消費品）	3,080
	D. 所有婚禮的開銷（A 減掉 B 和 C）	5,573
新娘與新郎	A. 以新娘新郎為一整體的分配額（只有貨物）：來自新郎家 來自新娘家	4,119 2,994
	B. 給新郎個人的分配額（只有貨物）：來自新郎家 來自新娘家 其他來源	- 2,573 -
	C. 給新娘個人的分配額（只有貨物）：來自新郎家 來自新娘家 其他來源	1,370 4,734 -
	D. 給新娘個人的分配額（現金）：來自新郎家 來自新娘家 其他來源	490 1,000 2,420
	E. 給新娘新郎分配額的總數	19,700

　　表 24-26 顯示「婚前贈予」、「嫁妝」、「插花」、「新娘酒」及「號位鞋」等這些事情如何讓新娘得到新臺幣 3,910 元，其中 2,420 元屬於非家庭的來源。每一個婚禮新娘得到的總數都有差異，特別是「嫁妝」項下的現金贈予——即由她的娘家送的——通常這個嫁妝，是個人現金禮物中最重要的。換句話說，新娘進入新家時的荷包大小，娘家扮演相當關鍵的角色。至於另外一位新娘，由婚禮中賺取的總數是新臺幣 8,720 元，其中 5,000 元來自嫁妝。

　　婚姻通常意味著，新娘家失去一位經濟上有生產力的家庭成員，而新郎家增加了一位。不過無論如何，婚姻的交換不能僅僅看成是交換女人的「支付」。我們已經注意到，住在菸寮外的男子可以為了婚禮而回來，而婚禮仍是由他的家群補助。大部分的例子中，雙方家庭都會失去一些錢，雖

然最大的花費由新郎家負擔是事實，不過在此過程中的任何一件事，婚禮的分配都指向對新夫婦的贈予。「支付」或「賣」這樣的詞彙，只能適用於非常貧窮的家庭環境下，有這樣的實例：如女孩與大陸人的婚姻，他們被期望如一般新郎家一樣要送聘金與其他禮物，但他們得到的回報很少；不過這樣的情況就不是如前面所述的具有婚姻分配額的功能了。

當新娘進來使家的形式由婚姻變為主幹時，婚姻儀式中的經濟成分，便是家庭產生質變的潛在因子。在所有複合家群中，每一對夫婦的婚禮儀式讓他們成為一個特有的經濟與社會單位，最後則形成一個新家庭的核心。我們已經注意到，婚禮中某些分配賦予新的財產類別——「新房」及其內的新家具由新夫婦共同擁有。這個財產擁有的單位就是「房」（fang），客家話為「伙」（fo）；國語「房」、「家」（chia）、「戶」（fu）的區別詞彙，客語中相對應的詞彙是「伙」（fo）、「家」（ka）、「戶」（fu）。

雖然婚禮的分配產生一個夫妻倆的新財產權力範圍，但也有單獨給予新娘的現金禮物；這讓她有權力單獨處理自己的財產，而且在「伙」中，這個權力不必與她先生共享。她的錢就是眾所皆知的「私頦」（se-koi）（私人的錢），國語詞彙是「私房錢」（szu-fang-ch'ien）。「私頦」不受新娘新家財務管理者的控制，也不受先生管轄。事實上新娘不太願意讓她先生知道她確實擁有多少錢，而且公認如果先生尋問是非常不得體的行為。當我試圖收集「私房錢」這個主題的資料時，新娘想隱藏的意圖表露無遺。我訪問的那位女子與先生因「十二日」餐宴回菸寮，她和先生一起坐在房間接受訪談，當我談及「私頦」的主題時，她立刻走出房間。我跟著她出去，必須保證不向她先生透露有關她私房錢的事才行。

這個隱藏性是新娘獨力處理她的「私房錢」的一個面向。如果她的先生或是其他家庭成員知道她擁有多少錢，他們可能會想去取得控制權。在結婚之時，新娘與新郎得到許多個人財產的贈予，而且這些東西幾乎都沒有動用到「私頦」或家庭基金。她用「私房錢」在她的新家之外投資，以保護私房錢不受到可能的侵佔，同時也可能會得到某種回報。

在剛從婚姻家戶轉為複合的家戶時，由家庭財務經理分配家庭基金而有的個人所得的類別之外，有「私頦」的妻子是唯一擁有財產權的人。亦即，她有自己的個人現金，可做為生產目的之用而與大家庭的經濟無關；任何用她的錢買的東西都是屬於她的，如果投資，收入也加入她的「私頦」中。所以新娘攜帶個人財產權進來，標明了一個家庭經濟組織的改變。

男人在家戶經濟與再分配系統中的重要地位，被他們對私人財務很有限的權力支撐著。一位婚入女子在家戶中的情況則較為曖昧；在一個再分配的安排中，她有參與者的角色，所以她的勞動生產受到控制，而且與家庭經濟相扣連。其他家庭成員期望能夠確保，做為一位生產者的她，主要應貢獻給她已婚入的家庭而不是她的「私頦」。她白天的勞力屬於家庭，就是做家事、農事、工資勞力、或家庭管理者要求她做的類似工作。

有幾個經濟活動領域是女人可做的，家庭控制不會逾越此領域。但她可以利用空閒時間為自己的荷包工作：通常是早餐以前，午餐後（午睡時間），晚餐以後，以及沒有家庭工作要她做的任何時間。目前，刺繡是最受歡迎的非農業工作，雖然過去有許多不同的活動可做。無論如何，這類工作所需要的設備可能由嫁妝提供或以「私房錢」買來。在大部分的聯合家戶中，每一位媳婦都被分配到一小塊菜園由她負責照料。當輪到她做家務事時，這塊地上的蔬菜就是她用來準備餐食的，不過其他時間她可自由賣掉其上種的蔬菜，所得屬於她自己。以此方式取得的收入雖然不多但很穩當。有些女人用她的「私頦」買小豬，然後付錢請較窮的家庭幫她養這些小豬。

另外較小的資金來源是農曆新年期間一年一度的現金禮物分配。會走路的家庭成員都可從財務管理者那兒得到一些。我觀察到有個家庭給每一位媳婦的現金總數是新臺幣200元，在菸寮家庭中這是個標準數目，最窮的家庭例外。女人的小孩也會得到錢；有一個例子，最年幼學齡前的小孩，每人得到新臺幣10元。這些小孩們立刻將錢交給他們的母親，母親將它存為自己的錢；我被告知這也是標準的行為。有些家庭中的媳婦在每年賣了菸草後可得到一些錢，而其他家庭賣了豬以後也會給媳婦一些錢。在一個聯合家戶中有兩個媳婦獨力種植與販賣香蕉，就是有名的「私頦蕉」

（*se-koi-tsiao*）。她們對我估計一年（1964-65）投資以外的收入如下：一位媳婦賣香蕉賺得新臺幣 240 元，另一位賺了 110 元，兩人賣蔬菜各賺約新臺幣 300 元；家庭財務經理（長兄，是其中一位婦女的先生；她們的婆婆是寡婦）在農曆新年期間給她們一人新臺幣 200 元，菸草收成後給 200 元，還有賣了豬以後又給了 200 元。

　　不過一位女子最重要的經濟活動與「私頦」投資相關，而「私頦」源起於婚禮時的積聚。間或有些新娘立刻將錢交她的父親或一位兄弟保管，請他為她投資，但是一般而言她自己掌管自己的錢，或是請她的先生站在她的立場上為她做特別的投資。然而這位女子仍然不會讓她的先生知道她到底有多少私房錢。

　　許多「私頦」的投資，會以投資形式維持一段時間；有部分的錢投資於地方的「轉穀會」（*tchon-kouc-fi*）中，有一部分則是貸款給個人；個人貸款得來的利息用來繳交每半年一付的「轉穀會」會費〔見費孝通（1939：267-74），關於穀物互助會與類似團體的描述〕。在穀物互助會的投資非常吸引人；固定投資在一個主要農產，在通貨膨脹時期他們比較不會遭到損失（許多人在 1945 年日本投降後的通貨膨脹期間的確受到影響）。貸款經常是貸給親近的父系親屬，特別是如果他們與這位婦女婚入的家庭住在同一個合院。由於在菸寮複合家庭的數目很多，雖然我不能確定關於個人貸款對經濟影響的程度如何，不過婦女將私房錢拿來投資的傾向對當地的經濟造成影響。婦女在穀物互助會扮演積極的角色，即使她們沒有參加互助會的餐宴或其他會議。雖然一個穀物互助會開會期間幾乎都是男人的世界，許多男人實際上卻是代表他們的妻子。1965 年 6 月，我計算在菸寮有 18 個穀物互助會組織，我相信這些涵蓋了當時大部分（如果不是所有）村中的穀物互助會。全部有 174 個股份，其中 43 個股份，幾乎 25% 為婦女所持有，是她們「私頦」的投資。我沒有將 18 個組織者算為股東，因為他們是借錢者而非投資者。

　　婦女為了不同目的使用她們的私房錢。這包含個人的資助，有時當要求如醫藥費這類的事而財務經理不願意提供基金時會發生。在傅清風（Fu

Ch'ing-Feng）的家，他的吝嗇我已提及（第五章），傳聞媳婦們好幾次生病時動用她們自己的「私熕」。這些婦女經常缺少現金，在菸寮有最辛苦種植蔬菜者的名聲。

小孩也可能是母親資助的對象。婦女常常說她們手邊的「私熕」（相對於鎖在投資的部分）主要的用途是給她們的小孩買點心吃；許多母親用私房錢買家庭基金供應之外的衣服與食物給她們的小孩。就學齡前的小孩而言，母親已是一位再分配者，我們已提到小孩如何在農曆新年那天將收到的錢交給母親。從他做為複合家庭的受撫養成員起，他一直在許多場合依賴母親的「私房錢」做這個或那個用途。就像母親本身一樣，這位受撫養者提出特殊要求，而財務經理提供的錢不夠或根本不給時，常常都依賴母親的這筆錢。有個例子如下，掌管家庭財務的男子拒絕給他的侄兒買手錶的錢，這位男孩正要離開家去做一段時間的學徒而提出要求，最後是男孩的母親提供錢給他買錶。在另外一個聯合家戶，家庭基金是由他的祖父控制，一位男孩沒通過大學入學考試，在祖父拒絕提供資助之後，用他母親的錢到臺北補習班補習。

「私房錢」也可用於社交的目的；在這個範疇中最顯著的是將其他女子給的現金禮物納入「私熕」中。社交的開銷，在某些家庭中，婦女用自己的「私房錢」加上家庭基金，而另一些家庭則只用「私房錢」。許多家庭基金的管理者，會將在婚禮期間，做為應邀客人的家庭支付與媳婦給的個人禮物作清楚的劃分。

在早年的婚姻中，女子的家庭對她的控制似乎很有效地不會讓家庭基金成為她「私房錢」的一部分。而且似乎婦女可以隱藏她的私房錢總數，但是如果她拒絕家庭成員向她借錢，便有可能危及到她與先生或其他家庭成員的關係。然而，這樣的交易被視為擁有不同財產成員之間的行為。有位男士對我說，他向他的媳婦「借錢」，以便還清媳婦婚禮期間產生的債務。

然而，有時當婦女有財務困難時，家中其他成員可能也會伸出援手。舉例來說，一位女子向他的公公請求保護她的部分「私熕」。她貸款給另外一家住在同一個合院的家長，這位男士跟她說他沒辦法還錢；但他願意給

她在他即將要籌組的穀物互助會中免費的股份來取代債務。但是這位女子知道，她拿其他私房錢貸給他人的利息，不足以支付這個互助會的未來支出。所以她請求公公頂下她的股份支付互助會的支出。她的公公答應了。

有許多理由，一位女子的錢可能大量減少或者甚至完全流失，但是她不會失去關於財產權的獨立地位。例如，一位女子要求她的父親用她在參與一個穀物互助會得到的錢幫她買一些地；父親照做了，而且彼此協議由她的公公來耕作，同時要付她租金。然而，租金沒有進來，這位女子一直激烈地抱怨。不過毫無疑問，任何人心中都認定那塊土地是她的。

女子對她自己基金的處置，可以在家庭基金循環中維持長期的獨立。不過可能會發展出某種聯繫，如她的公公將她的錢用於家庭的目的時。這樣的轉換常常被這位女子極端怨恨，而且我注意到的所有例子，總是她的先生將錢給他的父親。有時候先生向妻子要錢做為自己消費；通常大部分有此要求的這些男士們，幾乎都是家庭農場的經理人或是工作者，我們已經看到，這些男士跟非家庭農場事業的經理人不同，經常不能直接獲取家庭基金。

一個更重要的家與「伙」的連結被建立，是在當先生給妻子錢而不需家庭財務經理同意之時。在富有的家庭中，先生經常交給妻子一些他們自己「零用錢」，可加入到她的「私房錢」中且可拿去投資。「伙」與家庭基金以此方式來連結會變得富有。在一個非常大的聯合家庭中，在第一、第二、第三代都有「伙」，許多女子不僅在穀物互助會有自己的股份，而且還擁有許多土地〔「私頦田」（se-koi-t'en）〕與香蕉。很有可能一些美濃的「私頦店」（se-koi-tiam）也是經由家庭基金的轉換而來的。這樣的店可以是任何種類的店鋪，由一位結了婚的女子以自己的錢出資與擁有。雖然建立這樣的店在美濃地區眾所皆知，但是沒有一間是菸寮女子設立的。

一位女子的個人財務與家庭財物可以有許多不同的方式連結，通常這有某些重要性，而連結總是經由她的先生。先生與妻子是一個「伙」，而先生也很穩固地融合在家庭經濟組織中；他與家庭的經濟關係若有改變，必定同時會改變他與妻子的經濟連結。此處可以看見配偶間經濟關係的不同

模式，我們可以回過頭來看先前討論過的婚姻家庭組織的內涵；當先生—妻子這個單位繼續在大的家庭脈絡中維持明顯的差異時，在家庭發展的所有階段，先生與妻子間的經濟關係會有許多變異。

即使在家庭基金流入的富有的「伙」中，女子仍是再分配者。進一步而言，先生妻子兩人努力保有財務上的秘密，所以關於不同「伙」間乃至與不同家庭間，婦女彼此的財產流動，聽聞比較多，難得親眼看見。不過，有一次我剛好碰到這樣的交易：兩位婦女在菸草屋後面，一位正在數一大筆現金，另一位等著收取這筆錢。兩位的家庭財務都不是由她們的先生管理，在此可以再補充一點，如果幾個兄弟中有一位給他們的妻子錢以增加她們的「私頦」，不能讓財務經理知道。

妻子是「伙」的經理——再分配者，而媳婦是家庭的工作者，請注意這兩者間戲劇性的對比。媳婦在家庭經濟中承擔的角色很少。家庭事業的擴張與已婚男子中漸漸成熟的專業一併發生；許多家庭中男士們可以有這樣的角色，正是因為田園中許多婦女投入勞力資源。媳婦只得到生活所需的資金，在家庭經濟脈絡中她的確沒有安排分配的地位。然而，在「伙」中，妻子在她的「私頦」與有限的時間所容許的範圍內，可以承擔許多不同的經濟角色。她有再分配者的權力，可以經營事業，可以得到回報，可以再投資，或者用於其他的用途。

在「伙」與家庭之間還有另外一個重要的不同。家庭對其成員提供了大部分的供養，正因為有這樣的一個集體家庭基金，所以大部分婦女得以繼續保有她們的錢，至少部分用來投資；當家庭基金開始流入「伙」中時，婦女的投資便會擴大。一般而言，「伙」對家庭經濟組織有重要意義，在「伙」中妻子的活動複製了小型的家庭經濟系統。但是從未來發展的角度看，「伙」的重要性是它長期扮演保持或蓄積資源的角色。

定義「伙」的關係時，不能忽略了女子基本上是與丈夫分享她的權力。事實上「私頦」就是「伙」的財產，是丈夫—妻子這個單位的財產。我已經說明，開始界定這類財產乃發生於婚禮之時，從建立「新房」開始。但是在家庭再分配系統的脈絡中，從角色上來說先生沒有財產權；也就是，他只

能創造額外的家庭財產。而女子的確可創造財產，但是在她做為家庭勞力的限制範圍之內。就財產擁有者而言，丈夫與妻子的區別來自於角色，而不是最終的使用權力。

丈夫與妻子終將共享「伙」資源的權力，這可以由兩種情境中看出。其中之一與分家有關，將在下一章討論。然而，有一些案例，丈夫妻子的「伙」還是屬於複合家庭的一部分時，先生或妻子就已死亡。

有位女子結婚不到兩年，生了一個女兒，丈夫因閃電雷擊而亡。先生死後不久，她的父母安排她再婚，於是她離開丈夫的家，帶走「新房」中的東西和她的「私頦」，而留下女兒在夫家。此處，「伙」被毀了，而伙的女子主張擁有「伙」財產的權力。另一位女子婚入一個聯合家庭，6 年後死於白血球過多症。在她的「伙」裡，存活的是她的先生與 2 個兒子、1 個女兒。當時，她的錢一部分投資到一個穀物互助會，另一部分貸給別人。她死後她的先生要求承繼她在穀物互助會的股份，接管她貸給別人的貸款，繼續使用「新房」中的傢俱設備。可以理解由他持有的投資是為他的小孩託管。他於是承擔了她的妻子在「伙」中的角色，而仍然維持在這個家中無財產的角色。[3]

3　盧蕙馨（Margery Wolf）評論這兩個案例〔在我對茶寮家庭組織的初步報告中有描述（Cohen, 1968）〕，有這樣的說法：「Myron Cohen 認為在客家社會中這些錢是……新婚姻單位的財產，但是從他自己描述中我認為應該更正確的描述為屬於這位女子『子宮家』（uterine family）的錢。寡婦再婚帶走所有屬於她的財產，……年輕的先生……被允許保管亡妻的私房錢為他的孩子託管〔Wolf 的斜體字（M. Wolf, 1975: 135）〕。」

我無法看出我「自己的描述」如何支持盧蕙馨的主張：錢真的是屬於這位女子「子宮家」的錢，盧蕙馨「子宮家」的意思是這位女子與她自己的小孩（見 M. Wolf, 1972 她對這個主題的詳細描述）。那位寡婦將她的女兒留下解散了她的「子宮家」，這是在我 1968 年文章中註明的事實，而那位接管亡妻「私房」財產的男士，就盧蕙馨的定義，甚至不是她「子宮家」的成員。當然如果由他保管他必須以託管方式擁有；在複合家庭中沒有「男人的錢」，只有女人的錢與家庭的錢。〔欲知更多詳情，請看 210-211 頁（譯註：中譯請見本書 157-158 頁）〕

　　他再婚之後，他的新妻子跟他住在同一間房間，房間的家具設備因她帶來的嫁妝而擴張。在有適婚女孩的家庭中這類的婚姻不普遍，因為新嫁進來的女子被期望對待前妻所生的小孩如同自己的一樣。還有一個緊張的元素立刻被帶入到這個情境，因為先生一般不會將他亡妻的「私頰」讓新配偶輕易取得；他懷疑她對前妻子女的託付不會像之後對她自己子女一般熱情。鰥夫再婚常常導致「伙」的發展有內部的裂痕；先生照顧整個「伙」的利益，但是他常常特別關心亡妻生的小孩，而且覺得現在妻子生的孩子受到她大部分的關注。鰥夫的第二位妻子通常來自較窮的家庭，這個家收到新郎這邊標準的支付，但是提供很少的嫁妝，此嫁妝僅僅是補充新郎家第一次婚姻後所擁有的東西。對於貧困的家庭來說，經濟利益最為重要，這讓新娘處於非常不利的情境；而且這女孩的尷尬處境讓她所有事情都更困難，因為她娘家的貧窮使她很可能遠比大部分的新娘進入新家所帶進的「私頰」少許多。[4]

　　我不曾見過任何一個早期漢人家庭組織的研究，試圖對已婚婦女在複合家庭中的特殊經濟角色，以及在婚禮過程中產生的這個角色做過深入的論述。我也擔心，許多讀了先前篇章的讀者可能會相當不正確地下結論，認為菸寮的狀況是地方性的，或者頂多是客家特有的現象。因此我想，重要的是提出證據，顯示我們所看到的菸寮現象，事實上是中國大陸複合家庭組織的一般特徵。

　　首先，我將提出麥克里維在這個主題上，其概述日本的學術著作，討論「伙」或「房」自治權的面向：

　　　……兒子與他的妻子，還有他的小孩，在家庭的架構中形成他們自
　　　己的一個單位。這個單位叫做一房……擁有自己的財產，與家庭財
　　　產有清楚的區分。（McAleavy, 1955: 545）

4　此處盧蕙馨「子宮家」（見註3）的想法可適用，至此所關心的是一位女子與她的小孩間親密的感情聯繫。

在同一文章中，他指出房是在婚禮過程中被贈予的對象：

> ……在純粹個人裝飾的物品形成的嫁妝本身，與土地及其他財產之間有一個清楚的區分。前者……是妻子的財產。至於後者，……它不是屬於妻子的財產，而是房的財產而且是丈夫擁有管理它的權力。（同上引）

麥克里維對於丈夫在「房」中權力的解釋，與我在菸寮的觀察在某些方面有衝突。當然，「管理的權力」可能指的是丈夫代替妻子做投資，或者，譬如說，從「房」的土地收取房租；我們已看到一段時間後，先生可能會給妻子家庭的錢而且指引她如何運用。但是妻子也可能給先生她的「私頦」，就是國語的「私房錢」；這是麥克里維沒有提到的一類財產。

從文獻上的證據，以及我與來自不同地區中國人的對話，對我來說很清楚，「私房錢」與複合家庭組織結合在一起的現象遍布中國。在臺灣，佔大多數的閩南社會中也發現有私房錢，閩南語稱做「私開（sai-khia）」，而幾位來自中國大陸東南的人告訴我，在大陸福建與客家地區也用「私開（sai-khia）」與「私頦（se-koi）」來描述女人的錢。「私房錢」也在江蘇村落（費孝通，1963：62），廣東村落（Kulp, 1925: 175），與雲南村落（費孝通與 Chang，1949：110-11）的研究中都被提及。

至少有兩篇文章對中國大陸「私房錢」有討論，明顯的確認這種形式的財產在維持房的自治權上所扮演的角色。在描述河南（Honan）省光州固始（Kushih）縣的鄉村經濟時，祝毓（Chu Yu）做了以下的註記：

> 人口眾多的家庭，多有三兄二弟姒娌姊妹妻子兒女，難免不用些零錢。衣食住是公合的，而零用錢，則個人性情嗜好不一，于是有私房儲蓄。陪嫁的莊田，壓箱錢，結婚受的拜錢，小孩壓歲錢，鎖繩錢，息錢，以及節省下來的錢，湊成一筆數目放帳。由少成多，本利漸增，也能成一筆大數，做為興家立業的基礎。前說借錢，多半是私房錢。假若家庭經濟，手頭部寬綽時，就把私房錢借給公合用，照樣給利息，比到外面放帳，更可靠方便了。（1962：135）

在楊懋春（M. Yang）描述山東的一個村莊中有談及私房錢：

女兒結婚時會給女兒嫁妝，女兒們在她們父母家中賺取與節省的錢
會加入到嫁妝中。年輕的妻子可將資金投資到家庭的事業，也可以
借給同村的人以賺取利息。當資金足夠時，她可以用來買土地而
且這塊土地屬於包含她自己、先生與小孩的小家庭單位，而不屬於
她先生的大家庭……這類的財產……被大家庭承認但不被鼓勵。
（1945：79）

1929 年在河北（Hopei）省定（Ting）縣調查鄉村存款的報告，有一個顯
然是「私房錢」功能的有趣描述，雖然在此不被稱做私房錢：

有田產 50 畝以上的家庭內，尤其是富有的家庭內，除開家產放債之
外，有不少的婦女也都貸出較少的款額。只因富裕的大家庭，多半
是父子兄弟和他們的媳婦們共同生活，各房的婦女積蓄私財，已成
普遍的現象，俗稱「存禮己」。在 50 畝以下和 25 畝以上的家庭內，
也有 20% 左右的婦女存禮己的。而 25 畝以下的貧戶內，有存禮己能
力的婦女就很少了。本地有一種頗為特殊的風俗，即兒媳們自己的
和她們孩子們的衣服零用，夫家幾乎完全不管；這種費用多係娘家供
給，或自己設法。因此她們不得不努力於存自己的禮己，有的是單
獨暗中存的，有的是丈夫與她共同的儲蓄。有的由娘家親屬代為保
管轉放，有的託自己信靠的中人替她經理，而自己收存字據，少有
自己出頭貸款的。每次出放的款額由數元至 10、20 元不等，利息通
常為 2 分，可是中保人大半須負絕對的責任。因為有這些不很公開
的零星貸款，關於借出的家數、次數、款額和放債者的身分等項，
就不易有十分精確的調查。〔馮和法（Feng Ho-fa），1935：880-81〕

我懷疑在上面那段引文中調查者提到的「非常特殊的風俗」，是有點太
從字面上記下他們所訪問婦女的內容。在菸寮用「私房錢」補充家庭基金的
婦女，通常會抱怨她們沒有得到家庭基金以應付合理的消費，所以她們被
迫向娘家尋求援助；如果我只從表面上看待這件事，而不從一個家戶其不

同有時甚至衝突的經濟活動中所產生的緊張關係上看，我也會報告在菸寮正好也有同樣的「非常特殊的風俗」。不過注意「借貸不是公開實行」這個註記，在菸寮也是一樣，如同我們已看到的，我們可以穩當的說在兩個地方保持秘密的理由是一樣的。[5]

在複合家庭中，「伙」以一個單位出現，其有自己的財產與經濟組織。「伙」因婚禮而產生同時獲得贈予，它做為大家庭群體的一部分，可以一直保有自治。它不是一個家；它的基本生存需求，經由參與再分配安排而達到，而再分配牽涉到許多人的協調努力。關於這個單位的生計與經濟發展，是以整個複合家庭為一整體，在以農業為主但有高度分化經濟系統的社會中，複合家庭比婚姻家庭更容易適應，而且有獲取各種機會的優勢。這種具有經濟存活與進步的大潛能大都在聯合家庭中被強化，而且是一種動力讓「伙」繼續包含於大的組織之內。不過「伙」也是聯合家庭薄弱的焦點，現在我們必須詳細檢驗這個狀況。

5　盧蕙馨（Margery Wolf, 1975）主張，在臺灣婦女的錢在客家家庭中比在閩南家庭中更為重要。然而她參考的資料是根據我在菸寮的初步報告（Cohen, 1968）；在這篇報告中我介紹了許多我現在呈現的證據，顯示婦女的私人財產被合併於複合家庭組織中的現象遍布中國。盧蕙馨主張「雖然閩南的婦女也有私房錢……但不像鄉村的婦女過了結婚的第一年還存留下來」（M. Wolf, 1975: 135），她似乎將這件事看做是客家與閩南習俗的不同。但是因為婦女的私房錢是中國複合家庭的一般特徵，所以不必驚訝，在幾個南臺灣閩南地區，聯合家庭的數目加上對婦女的錢如何使用與其重要性的描述，所提供的資料正好符合與確認我在菸寮客家地區的發現。

我已經顯示，婚禮讓複合家庭贈予新娘，而使她有私人的財產，同時也確認她對這些財產的權力。一樣的證據用於客家與閩南，事實上在盧蕙馨早先1972年出版的書中就被發現。這本書處理婦女附屬地位的心理學縱橫交錯的分析，它沒有討論婦女在複合家庭中的經濟地位；然而不論如何盧蕙馨順帶地指出，如何「在『婚禮』喜宴結束時，新娘與新郎被帶到長輩親屬前鞠躬同時接受一個『紅包』，紅包裡裝的被認為是屬於新娘的財產。」（M. Wolf, 1972: 138；也參見 M. Wolf, 1975: 134-35）

第七章　分家

　　分家通常是一個漢人複合家庭歷史的最終事件。在我的論述中，我首先要處理家庭組織形式的改變，這常是典型的分家前兆，接著描述這樣的過程以及在美濃地區規範它的社會背景。最後，我將針對一些菸寮特別持久的家庭，討論所以能夠如此的要素。

　　與我們思考分家有關的是社會關係，這也構成家庭生活的領域，但直到目前為止，我在此方面著墨不多。然而，在有關中國漢人家庭的社會學文獻中，這些關係顯得非常重要，而且似乎可以穩當地說，中國人與外國觀察者一樣，都發現漢人家庭生活是令人著迷的主題，最主要是因為在家庭組織中，牽涉到對比的也許甚至是矛盾的社會關係。最受到關注的關係是父親與兒子、兄弟與兄弟、先生與妻子、母親與媳婦，以及媳婦們之間的關係。一個既定的關係可以是支配、順從、整合、分開、團結、或競爭；經由時間的變化，一個關係也可以在性質上跟著改變；在任何特定的時間點，各式各樣的特殊關係呈現的一些或所有性質，便組成了家庭內部聯繫的整個網絡。

　　這些社會關係性質最重要的改變當中，有一些跟家庭一統的瓦解以及正式分家的即將開始有關。這些改變，事實上是聯合家庭生活最後階段的特色，而且若把分家前夕與家庭發展初期兩相對照，關係性質改變的重要性更顯而易見。但是，早期的文獻對於在分家的脈絡中這些關係的重要性沒有論及；相反地，以往討論的重點是：這些關係如何不均勻地分布在不同形式的家庭間〔參見 Fried, 1953; Hsu（許烺光），1943; Lang, 1946; Levy, 1949〕。傅利曼的討論稍微深入些。他認為，在家庭發展的過程中，家庭內的社會聯繫有改變。在談到菸寮資料之前，先簡短概述他關於中國的一般分析會很有幫助（這裡是引自 Freedman, 1966: 45-47）。

　　傅利曼把焦點聚集在 3 種「重要的」（crucial）關係上：一個一統的複合家庭由父親與兒子間的關係支撐，父子關係是「一種明顯嚴謹的支配與順

從」；兄弟關係「是一種競爭，而且可能是很殘酷的一種」，但是可以「保有某種團結」，如果是父親控制的話；同時這種父系的控制也意味著，有一種夫妻關係，男人「很少關心他們妻子的事情或利益」。當父親對兒子們的權威變少時，兒子們進入競爭而且每一位更加與配偶合作。

傅利曼將妯娌的愛爭吵與家庭內關係的安排相連結；每個女人，當家中的父親有能力保持家庭完整無缺，而她被自己的先生孤立時，她被迫扮演自己婚姻單位利益的唯一代表；但是在貧窮家庭中，或是在瓦解的富有家庭中，她的孤立被夫妻的團結所取代。在其早期的書中，傅利曼對助長女人間衝突的背景有以下解釋，他說：一個女子「被迫……進入鬥爭，而此基本上開展了她的先生與其兄弟間的競爭」（1958: 21）。

傅利曼提出一些非常重要的觀點，可用菸寮的資料來確認。最重要的是，他發現一個複合家庭即將發生的分裂與其成員間關係的改變之間，通常有相互關連；與傅利曼的描述一致，菸寮家庭中的特別發展情形是：夫妻關係從有距離到團結的改變，以及一個聯合家庭的最後階段兄弟們的競爭關係。更廣泛地說，菸寮的資料確認，媳婦們的衝突，夫妻聯繫的性質，與家庭分裂的開始，三者之間有相互的連結。

傅利曼的解釋與我在菸寮的發現之間主要的不一致是，關於一個一統的聯合家庭中兄弟之間關係的解釋；由此不一致延伸出的是，對於父子與夫妻關係的解讀，我與傅利曼之間有很大的不同，正因為傅利曼理所當然地將認為這 3 種關係彼此相依。第五章中我將焦點放在已婚兄弟法律上的平等，是對聯合家庭經濟安排以及聯合家庭因此得以存續的最重要支撐。法律平等描述兄弟的地位，而不是他們間的社會關係，不過這項平等也提供了一個聯合家庭兄弟間可能會有不同關係的背景。在菸寮聯合家庭中兄弟的聯繫裡，衝突不比團結更與生俱來，因為這兩個相對的本質在家庭發展的不同階段都說明了兄弟間的關係。只有當兄弟各自努力工作仍能符合彼此的利益時，兄弟聯繫的本質才有其一致性。在聯合家庭一統的階段，兄弟關係最為團結，但是如我們所見，當分家即將發生時，他們的關係轉

為敵對。在控制已婚男子行為準則的各種方式中，兄弟間團結同心的情感也是重要的一環。

在一個一統的聯合家庭中，與兄弟團結尖銳對比的是他們妻子的苦惱；有敵意的妯娌關係，事實上在兄弟關係仍是強烈正面階段時，就已經是家庭生活的特徵。關於妯娌關係，我們首先會注意到，在菸寮幾乎男女兩性都不可避免地責備女人，是因為她們家事不合才導致分家。雖然指控因環境而助長，女人的確在衝突上扮演主要角色，而衝突維持很久就變得惡名昭彰，不過衝突的背景正是兄弟的和諧；因為當兄弟轉為彼此對立時，不久之後就會分家了。所以，只要沒有一位已婚男子捲入，衝突就會簡化，但小摩擦就會不斷發生持續相當長的一段時間。然而也必須瞭解，既然男人是否參與那麼關鍵，其實恰恰證明了因女人而起的衝突是長期存在的。[1]

表達兄弟間繼續團結的全心承諾與共同行動，同時也是壓制每個兄弟不去做站在自己「伙」的特殊利益上的行為。於是，兄弟的妻子就被清楚的界定為「伙」福利的孤獨保護者，她被拉到妯娌的衝突中，因為在聯合家庭中再分配的慣行會讓每一「伙」有不同的好處。聯合家庭加在家庭成員身上的再分配安排，我們可稱之為「消費者」的平等，這包含根據個人需要以及以家庭為一整體的進展為標準，而對家庭財富所做的匯集與分配。運用這些標準維持家的統一，正是因為沒有將「伙」當作分開的經濟單位而給予供應。消費者平等非常不同於兄弟的法律平等。法律上的平等以經濟方式表達，只有在兄弟們對可算出來的家產有權力之時，而家產的組成與整個價值可能會變好或變壞。消費者平等則聚焦於個人，且表達的方式是以實際規劃的安排與分配來供養所有的家庭成員。如果兄弟平等是以數學理想詞彙表達的一個事實，消費者平等毋寧說是個理想，因為當分配是依據一個人的財務管理以及由他來評斷其他家庭成員的需求時，消費者平等很難達成。

1　視女人為家內和平的破壞者，菸寮似乎是中國社會的典型。關於整個中國的證據，見傅利曼（Freedman, 1958: 21f; 1966: 46f）。在他自己分析的內容中，也能夠將女人與家庭不合有關這個中國人普遍的想法顛倒過來。

　　消費者平等是對以下事實的一種調適：亦即在兄弟平等的情況下，本質上每位「伙」的首長卻沒辦法在家庭經濟上使所有人的需求均等，或者讓他們對家庭經濟的貢獻均等。兄弟們依序結婚，到最小的弟弟結婚時，長兄的孩子可能已是學生。此外，兄弟的妻子生的孩子或扶養到成人的數目不同。結果是，任何時候家中同時存在的每一個「伙」，會有各式各樣不同的消費需要、要求與品味，而當幾個不同「伙」的孩子逐漸成人時，這種差異更為明顯。每一個孩子因他個人在外面世界工作的遭遇，以及管理家庭事務者所做決定的影響，漸漸邁向特別的生活模式。於是以「伙」為單位的消費不平等被截然不同的環境強化了，譬如說，一個單位的男孩沒有成功得到高中入學許可後在家中的農場工作，而另外一個單位的年輕男子卻已經得到家庭全額的供應進入大學就讀。

　　家庭財富在組成家的各個「伙」間分配不均的情況下，每位妯娌為她特有的單位爭取相對有利的位置時，會防衛或抗議她所看到其他「伙」在同樣開銷上的優先待遇。無論如何，一位女子經常會比較她與孩子的需求和所得到的，比這個聯合家庭的其他成員要少，來為她的立場辯護；她也會強調她與她的先生對家庭經濟的貢獻而輕視其他人的努力。一個男人想要讓家維繫在一起，就不能讓他自己與其他「伙」的成員間涉入類似的爭執，儘管他們的妻子會為「伙」而爭吵，但兄弟們則用其他的方法來確認他們間的團結。

　　然而媳婦間的衝突有她們的背景，每一位自其先生處孤立，而此不僅僅是對其先生拒絕替他的「伙」爭取權益的反應，更會進一步被丈夫與妻子的正面疏離而加強。夫妻之間的緊張，反映了兩者都可能接近對方所掌握的資源，妻子秘密掌控她的「私頦」受到丈夫對整個家承諾的威脅，但是可以確定的是，她的秘密掌控是由於她與丈夫之間缺乏清楚的所有權界線。同樣地，先生抗拒妻子要求他的忠誠，因為這會構成對家庭統一的威脅；而且這的確是個威脅，因為先生在家庭經濟的地位讓他可以接觸家庭的資源，同時夫妻關係的本質使他一直有將這些資源流向「伙」的可能。這樣的

流向有時的確發生，但是不一定會危及家的統一或者因此鞏固了夫妻的關係，因為聯合家庭在夫妻可能會有的經濟聯繫上強加了控制。

在聯合家庭中，夫妻間關係有這樣的特色：丈夫的權威角色、配偶間感情與溝通的距離、與經常以爭執表現的緊張、和有時丈夫在公開場合指責或侮辱妻子等等。配偶間的爭論，經常是在家庭事務上直接牽涉到他們不同的承諾。經常，夫妻間的爭吵因丈夫對其配偶與兄弟配偶間爭執的反應而激起。他被鼓勵可以言詞上或肢體上抨擊他自己的妻子，因為在這些競爭的女人間，只有妻子是他唯一可以這樣做而不會威脅到家統一的人。而且就他而言，這樣的好處是只有他的單位會受到干擾。夫妻之間充滿緊張，很容易因為一些與家中主要事務可能只有一點點（或者根本沒有）關係的事情，使他們產生衝突。

我們已經看到，主幹家庭的統一如何以已婚兒子對父親權威的順從來表現，此受到父親代表家中法定未成年人的利益而控制家產所支持。主幹家庭的統一與兒子和其妻的團結關係可以相容，而且這種團結常被加強，因為主幹家庭的統一不是父親與已婚兒子間敵意的妥協結果。

轉變到聯合形式的家庭，支持統一的「平衡力量」產生了改變，於是就第二代已婚夫婦而言，夫妻關係的緊張現在被助長了。第二代中當然只有長子夫妻經驗過主幹與聯合兩種內涵的婚姻生活，同時他們關係的再調適引出的那種緊張，在弟弟夫婦結婚時就感覺到了。因此聯合家庭生活對配偶關係的不利衝擊，就長子與其妻而言最為明顯，次子的婚姻使得長子夫妻的聯繫惡化，在菸寮的確如此被普遍認知；但是如同可能的預期，普遍的觀點認為配偶關係變壞，是因為媳婦們特別無能沒能好好彼此相處。

夫妻關係的緊繃是聯合家庭一統的表現，而聯合家庭持續的成功更使夫妻關係惡化。時間是一個因素，因為姒娌間的緊張，與夫妻間的緊張，相輔相成，而同時漸漸助長了男子從妻子處孤立他們自己。當更多兄弟結婚，兄弟的團結被更加強調，當所有兄弟都有妻子時，他們團結的力量最為強大。當妻子們漸漸限定在農事與家事，而先生們承擔新的責任時，夫

妻關係也來到很大的壓力之下；這種工作的專門化容易減少工作日期間夫妻的接觸，於是更強化他們結構上與情感上的分離；同時，女人們比以前有更多時間必須在一起工作，而此只會增加他們彼此的反感。

在聯合家庭中，力量的平衡有利一統，父子團結是與兄弟間的差異有關，而母親則容易與一些或所有的媳婦有敵對關係的傾向，這種關係就像媳婦們之間的關係一樣。不過關於父親與母親的關係，在現在的議題中，只需要簡短的討論即可，跟我們之前討論過的不同，他們在聯合家庭組織中不是重要的，而且就較大範圍而言，他們的特色每個案例各有不同。我們已經看到父親的管理技巧對家庭的統一如何重要；一個父親仍然管理家庭事務與財務，會維持對兒子的權威以及與他們的團結。但是在這樣情況下的重要連結是，父親掌管家庭事務支持的一種情形就是兄弟們被鼓勵住在一起，這樣的安排包含兄弟們普遍接受父親的權威。然而，我們也看到，父親可能會將他的責任轉給長子，再一次地支持家的統一。而且一點也不意外，這樣的轉換讓父子關係的本質有相當大的改變同時較少被強調。

婆婆對媳婦的權威在家庭一統的背景下被強化，因為婆婆分享先生維護家庭完整無缺的承諾，而且在廚房中監督她的媳婦而對家庭消費行使策略控制。婆婆與在她控制下女子的衝突很普遍，但不是聯合家庭生活的一般特色；婆婆做為她先生的代表，為了讓家產有更多的家庭資源而縮減家庭消費，在此範圍內衝突是受到支持的。婆婆也必須維持消費者的平等，她可能特別會激起這些女人們的憤怒，因為這種平等對她們的「伙」最為不利；另一方面，至少有2個菸寮的聯合家庭，婆婆跟長媳有共同的事業，而且我們看到後者的「伙」從家庭內的再分配中得到最多。

我試圖顯示，女人因為一種特殊型態的衝突而引人注目，事實上，這種衝突也顯示女性無能威脅到家的一統。女人們被控彼此懷有反感，而此威脅男人們的關係，實際上是男人為了讓家維持在一起，造成女人彼此對抗。在所有聯合家庭中，兄弟、夫妻與妯娌的關係以獨特的方式安排，因為兄弟團結提供統一的基礎，而另兩種關係會受到這種團結後果的影響。

在聯合家庭的分家階段，有同樣特殊的重新安排關係，還有屬於這段期間獨特的事件。有一個特別的衝突詞彙，就是大家都知道的「鬧愛分」（nao oi poun）〔「鬧分家」（nao fen-chia），煽動分家〕。菸寮普遍的看法是這種衝突，包含對立群體中的男人，跟只有女人的衝突非常不同。但是當人們討論到「煽動」時，總會把焦點放在女人身上，認為那才是家庭一統的威脅。根據他們的觀點，兩種形式衝突的相連，是女人間持續對立，最後轉為她們先生彼此的對抗。

「鬧愛分」指的是家中男人公開說出要求分家；不過，這個階段也是複合家庭最後階段期間狀況的一般標籤，包含有兄弟的齟齬與夫妻單位的團結。兄弟間的衝突，不論開始時是如何，會很迅速地被部分或所有相關的當事人提出分家的要求。這種衝突是否認兄弟們為維持家的統一應該會有的利益本身，因為很明顯的因兄弟不合已不再能控制彼此的行為，因此停止支持那個先前曾經認為是對自己有利的聯合家庭狀況。更精確地說，每一位曾經將大家庭的統一看成是對自己「伙」最有利的狀況，但是在情況改變下，男人的觀點現在與她的妻子一致；聯合家庭最後階段期間，每一個「伙」為一個單位，尋求從即將來臨的分家中獲取最大的利益。

所有的兄弟很快被拉到衝突中，一開始可能只有一些爭執，因為在「擾亂不安」期間，個別的敵意就被先前讓家庭經濟統一而有的那種集中安排給激發出來。組成聯合家庭的每一個「伙」，被鼓勵去宣稱與保護要求一份家產的權力，不過此階段的任何要求，只能看做是表達對尚未分開各類資產的一個抽象片段。相關的各個當事人可能對每一位應得的家產有爭議，而這樣的爭議可能導致他們更加的緊張。由於每一個「伙」也必須經由一份對整個家產組合的聲明來表達對家產的要求權，於是衝突與緊張就被更進一步加深了。

「鬧愛分」期間的衝突，其中之一的主題是不同項目的財產狀況；經常土地、商業性的所有物、農耕設備、或家戶的項目，可能被一位男子主張屬於他個人的擁有物，或者屬於他妻子的「私頦」，或者屬於「伙」的財

產，譬如通常在已婚夫婦房間裡的東西。而另一位可能對這位的主張有異議，認為那些應算做是家產的一部分。在「擾亂不安」期間，男子盡可能為爭取越多家產內的財產而奮鬥，同時也對抗任何想要將他主張屬於他的「伙」或「伙」中任一位成員的財產併入家產之中。於是在組成家庭的各個「伙」間充滿了敵意，而此又被各個單位升高的警戒而助長。終究，在每一個「鬧愛分」的案例中，敵意早在財產安排前就已存在了，而不是因為針對特定家產究竟是由屬於家庭、還是屬於組成家庭的「伙」、或是屬於個人，才產生爭執。「擾亂不安」牽涉到彼此競爭的「伙」不斷爭吵，而且變得愈來愈激烈；一方面，他們已漸漸熟悉彼此的招數；另一方面，因其行動的本質，每個「伙」又顯現出對其他「伙」的懷疑。

這是很普遍的現象，一個家的每一個「伙」在瀕臨分家的階段時，都會站在自己「伙」的角度列出一份詳盡的財產清單；丈夫經常花許多時間奔波於家的田地與地方地政事務所間，不斷詳查家庭土地所有權與其他的農場資產，以及如果有幾個家庭事業，他會忙於調查由他的兄弟或不是他「伙」裡的其他人所經營的事業。累計在家戶內家庭財產的資料通常是妻子的工作，經常她一個一個算盤子、餐具、與其他項目等等。如果先生與妻子的調查工作重疊，當然不會導致他們衝突，而是腦力與書寫紀錄的比較。當標出他們認為屬於他們「伙」的財產時，他們也很緊密的一起工作，有些案例他們努力爭取控制某些項目，包含隱瞞這些項目不讓其他家庭成員知曉。事實上，在「擾亂不安」期間，夫妻合作無間，所顯現的團結可能比任何其他家庭發展階段都要強大。

「鬧愛分」明顯地與其他一般可能會發生於家中的衝突不同，特別是在大的複合家庭中女人的衝突。女人間持續的衝突是一個家統一的見證，人們能容忍這樣不愉快的狀況是因為他們有很強烈在一起的動機。那些牽涉到「擾亂不安」的動機非常不同，而且必須明顯精確的表示出來，因為「鬧愛分」不是家庭衝突唯一的一個原因。

菸寮分家的前兆常是因為有人很惡劣地和複合家庭的經濟角色相違背。而且似乎很明顯，當家裡原有的共享習慣已經被一些人拒絕貢獻個人

的勞力和時間所逐漸妥協時，或有人公然挪用家庭基金時，企圖要強迫分家的努力就會浮現了。引起我注意最明顯的開始分家活動是，幾個兄弟他們已經彼此說服好要分家，但是仍需取得他們父親的同意。只有在這些兄弟帶著妻小一同搬出，表達他們分家的強烈決心，兩老獨處一晚之後，父親終於點頭同意。

有個聯合家庭做為一個整合單位的最後一年，有許多經濟上的偏航。首先，家庭工作者，男人們和他們的妻子拒絕參與稻米的收成。財務經理是四兄弟中的一位，在最後階段才拼命地想要雇用多一些工人；他最後成功了，但是此時有些作物已經發芽了。家中的女人們開始賒家庭的帳買個人的東西，而商人要求經理兄弟付款。這位經理當時是賣肉的零售商，一些他家中從前的成員後來宣稱，他當時將所賺的錢有一部分給了他的妻子。

雖然一個家可能有長期的衝突或緊張，但對家庭經濟有一些或幾乎沒有什麼影響；不過當有些家庭成員故意暗中破壞共享的安排時，其他人就會意識到對他們生存的威脅。那些侵害家庭經濟的人仍然得到家庭的支持，家庭繼續一起吃，而且仍然有一個可取用的共同荷包。不過這個時候，家庭做為一個供應它自己生計的單位已經比較沒有效率，而極端的案例是，它在這方面已完全功能不彰。有些案例在「鬧愛分」期間一直到分家之時，家庭經濟仍維持相當完整；不過如果家庭經濟被暗中破壞，一定會形成「擾亂不安」與之後的分家。

我的分析已考慮到，集中家群的聯合家庭或聯合原生家戶中有分開居住的家群，他們的後續發展。我們知道普遍的理解是，法律成年的兄弟可維持家群為一個單位，但居住可能分開，而且也不是所有成員都要參與家的經濟。不過在這樣的情況下，兄弟的團結有不同的意義，而我不打算詳細處理居住與經濟安排的差異，對我首先關心的 3 種關係有什麼樣的影響。我將只注意到兄弟間彼此允許愈大的自由，愈能化解分開居住的妻子間的緊張，以及妻子與她們先生間的緊張。在這個主題上還有許多可以討論，不過目前的議題已足以討論，當兄弟團結支持最大的經濟與居住統一時，他們的關係模式。

　　如果「鬧愛分」是由聯合家庭中一位或多位男子要求而開始，那麼當所有男子都同意正式分家過程應當開始時，就表示聯合家庭的結束。即使在分家審議的過程中，痛苦與反控這「擾亂不安」的特徵仍然繼續，經常的過程是讓每一個相關的當事人確認，在決定家產分配時他的特殊要求權與他人的一樣重要。分家這件事中最重要的是請外來者監看財產的分配。這些外人組成我們可稱之為分家的協調會，而且他們是由家中的男人共同同意選出來的人選。其中一位協調會的成員也是謄寫員〔代筆人（tai-pi-jen），或依口代筆人（i-k'ou tai-pi-jen）〕，他詳細紀錄分家協議的合約書。

　　對於主要的分家條件如果家庭成員已經有非正式的同意，那麼協調會的工作可能不會做超出見證人之外的事，或者也許協調會的成員只要幫忙解決一些小細節就可以。但是如果家中有很大的爭議，協調會的角色就變的較積極，他們可能被迫將對立的當事人叫到一處，而且找出解決的辦法。無論如何，協調會的出現將外來力量施加於分家過程中，因此分家可迅速執行完成。

　　分析分家協調會的組成，可看出這個協調會的成員與要分家的家庭有各種不同的社會關係。他們都是在美濃社會框架中舉足輕重的那種人。我有在 1950 至 1963 年間所召集的 11 個協調會的組成資料，這段期間在菸寮有 19 個分家的案例。這 11 個協調會每一個組成的人員在 2 到 7 人之間；有些人在這段期間參加一個以上的協調會，不過為了目前分析的目的，他們參與的協調會每參與一個就算一次，因此全部有 49 位協調者。協調會成員與他們幫忙解決分家的家庭之間的關係可以歸類如下：

父系至親（在同一個祖先大廳祭拜祖先的人）	18
其他父系至親	2
同姓的人	14
親族親屬	6
其他	9
總數	49

　　列在「其他父系至親」中的一位協調者，是 3 位已分家男子的兄弟；他很久之前就在美濃區域南邊組成自己的家庭。另外 1 個在這個歸類下的協調者，是來自 2 個葉 A 合院（他們在不同的祖先大廳祭拜，見第二章）其中之一的男子，他被請求出席另一合院其中一家的分家。強調父系的原則延伸到包含「同姓」的人。在大部分分家文件中他們被認為是同「宗族成員」，用來稱呼這些人的詞彙也可用在父系至親〔宗（tsung）、宗族（tsung-tsu）、宗親（tsung-ch'in）或同族（t'ung-tsu）〕身上。而另外一位是附近一間廟宇出色的經理與宗教領袖，在一份文件中被稱為「族長」（tsu-chang），既不是這位男士也不是相關的家庭，屬於除了他們各自的祖先大廳之外的任何父系群體，所以事實上他得到的頭銜是因為他對地方事務有相當影響力之故。

　　11 個協調會中有 8 個，它的成員中有一個以上的人，在菸寮的事務上與在龍肚的其他區域，以及整個美濃的一些案例中，具有相當的分量。有 2 個協調會的成員包含在廟宇與一般宗教生活中有重要地位的男子；5 個其他協調會中的成員，有在美濃鎮政治上活躍的兩位男士之一，有 3 個自吹是菸寮最有錢家庭的家長。協調會成員中 40 位來自菸寮；2 位是外來的至親，而其餘被邀來做協調者的，是因為他們在龍肚社會的重要地位。

　　所以一個家要分家，在分家過程中所包含的人，常有重疊的親屬與同住菸寮的關係；有影響力的人可能來自龍肚其他地區，因為一位男子必須在這個大社區經營，以便為他自己建立重要出色的地位（見第一章）。這些有影響力的男人，在編製財產與負債目錄，推算股份，與製作出分家文件的內容上，扮演積極的角色，因為他們的專業與出色，他們非常受人倚重。這些男子視他們參與分家協調會為一種他們必須提供的服務，以便能維持與擴張在社區中得到擁護的資源。在沒有著名男子參與的協調會中，無論如何會包括當地在分家文件準備上有名的專家。

　　協調會成員中的親屬以父系親屬為優先有重要的理由。一位父系親屬或多或少與分家中的每位男子有同等的密切關連。只就同姓的基礎來定義

父系聯繫最為明顯；在看將這種父系親屬聯繫用來徵募分家協調會的成員，我們可以回想，特別在日據時期之前，這種父系聯繫被用來形成大的宗族（第二章）。父系至親的中立位置當兄弟分家時最清楚：譬如說，他們父親的兄弟，與他們每一位都有相同的系譜關係，與他們其他當地的父系群成員也有一樣的關係。而當兒子們從父親處那裡分出來時情況較為複雜。11個協調會中有2個是這樣的情形，每一個案例中，父親的兄弟是協調者，而就系譜關係而言，兄弟關係比伯叔侄關係親近；但是有兄弟與姪兒即將要分家的人，經常是他們合院中的鄰居，所以未來的日常關係與合作會受到分家行為結果的影響。這些父系至親有很強的動機，希望與每個要分家的當事人之間，所產生的敵意盡可能越少越好，所以這些父系至親可能因此想從分家行動中完全缺席，然而他們卻被相關的當事人積極的找出來參與。當然，在同一個本地父系群中，大部分其他的男子也同樣強烈希望與新的各個家庭維持友善的關係。

親族親屬的位置則很不相同。11個分家協調會中有6個，每一個案例與相關的當事人有相隔3到5代的母方聯繫，雖然有個案例尚有多一層的關係，這個協調者也是要分家的3位男子的兄弟，但收養出去（經由姻親收養，見第二章）。姻親，在許多事件中很重要，但在分家行動中明顯缺席。女人的至親常被避免，因為他們會有偏見而對女人的丈夫有利。

分家時考慮協調會成員的背景，有助於分家過程順利。而沒有達成分家協議不僅影響相關的家庭，協調會的成員也會沒面子。大部分的人希望達成諒解而不會威脅到他們與親屬、鄰居以及有影響力男人間的關係。如同我們之前所看到的，他們希望能加速完成分家的過程，常常是因為家庭經濟已呈現不良的狀態。據我所知，菸寮的分家協調會每個案例在第一次會議時都成功地達成協議，即使大部分的情況有著家庭成員激烈的爭論，而且常常持續到凌晨時分。在較大的龍肚區域，我知道有個案例，可能也有類似的案例，經過了5次會議才解決了爭執。許多協調會成員拒絕參加接下來的會議，所以必須找新的成員。最後，一位當地熟悉法律事物與分

家的專家被雇用來主持；在與家庭成員與協調會成員開了 9 個小時的會議後，終於在清晨 4 點成功完成協議，他也因此賺了相當多的佣金。

分家行動，由協調會成員與家庭中成年男性成員參加，在即將分家的家中餐廳或祖先大廳中的吃飯期間或吃完之後開始舉行。首先，協調會決定所有家庭財產與債務的價值，同時取得大家對此價值的同意。然後將資產與債務分成相同價值的股份，再由男人抽籤決定得到哪一份，但是有些或所有的家產可由共同協議來分配，特別是有關非農業的財產時。詳細的分家協議會紀錄在一份文件上，這份文件既是合約也是契據。文件確立後協調會成員與分家的各方蓋印，同時每個分家的當事人取得一份文件副本。聽說過去的習俗，有一份額外的文件副本要在祖先大廳中祖先牌位前燃燒，不過最近這些年只有少數案例會有這個過程。

分家之後「伙」以獨立單位出現。如果「伙」曾經是住在同一家戶大家群的一部分，現在它要建立自己的廚房與處理它自己的經濟生活；如果一個「伙」曾經是自主的，正式分家後會收到家產的一份收據，同時終止承擔義務以及共同的要求權，這些是我們先前在談家庭組織特徵時提過的。當一個「伙」轉變成一個家時，女人的「私頦」與其夫由分家得到的部分家產合併。他掌管穀物協會的股份、貸款，與其妻的現金，通常他用現金來買如農場工具或廚房用具之類的項目，用來建立一個新廚房爐灶，以及建立新家庭的其他所需。

當先生掌握妻子的「私頦」時，家庭發展完成了整個的循環。這個財富的轉換，揭露了妻子的獨立財產權其實是一個大家庭單位中「伙」成員身分的物品（artifact），而接著來的是這位女子開始承擔我們討論婚姻家庭組織時她所擁有的那種角色。這是習俗與期望，當夫妻成立他們自己的家庭單位時，妻子應當將「私頦」交給她的先生，儘管她的財務曾經維持完全的獨立。所以，當我問男人們關於他們妻子的錢時，他們聲稱他們不知道究竟總數是多少；不過許多男子會加上「當分家後我就會發現」。分家之前，家內的氣氛鼓勵妻子擁有自己「私人」的財富，我們已看到，夫妻為他們的利

益、小孩的利益奮鬥，以及在快要瓦解的家中對抗其他的「伙」，就是夫妻為一體的特徵。

另外一件與分家過程有關的事件也值得一提。正式分家行為完成後不久，每個新家會舉行宴會，參加的賓客會送現金或是裝備新家的用品。客人是男主人的好朋友或他的姻親；但父系親屬或男主人的母方親屬沒有參加，因為他們與每個新家都有同樣的關係。分家協調會中父系親屬占大多數，因為對於這個家內的競爭當事者而言，他們是中立的親屬；但是分家之後，男人與他的姻親間親近的關係會表現出來，姻親幫助他滿足新家戶的物質需求。

在大多數分家程序結束時，會將分家的協議記錄在文件中。雖然這些文件必須小心使用，如我將顯示，他們是分析關於分家產的原則與要求權的無價資料來源。關於菸寮的分家文件資料收錄於附錄 B 中，此處會摘錄一些相關資料；這些文件有相同的格式，而且基本上與在中國其他地區同一範疇的出版資料相同〔參見 Johnston, 1910: 152; Lin（林耀華），1948: 125〕。在菸寮分家中，雖然主要原則是兄弟有同等的權力，不過不是兄弟的其他人也有一些要求權，所以當家中只有兄弟、他們的妻子與小孩時，會相當直接的將家產分成相同的等分。

如果分家時父母中一方或雙方還活著，他們也必須考慮進去。有些案例中父親屬於一方當事人，而兒子，通常是長子，屬於另一方。分家文件 A，記錄父親與兒子的協議，許多方面值得一談。（這份文件與分家產生的日期剛好在我撰寫這本書的期間之後；我於 1966 年夏天再訪菸寮時獲得此文件與額外的資訊。）首先，由這份文件的題目與前言，顯示分家是由父親阿田（A-T'ien）起頭與指揮。事實上，是長子得徠（Te-Lai）鼓動要分家，他認為共同生活的各個方面已到了不能忍受的時候。這個情況與雙親死後兄弟要求分家的情況沒有太大差別。這是實情，如果父親還在，必須先獲得父親同意才可分家；而且有時父親也可能要求要分家，不過準確地說同樣適用於成年兄弟。文件 A 中只有 3 位男子屬於成人，父親阿田、與長子

得倈、次子光田（Kuang-T'ien）。然而，注意三子、四子、五子的名字也出現在文件上；雖然有家產股份的權力，但是分家之時他們尚未結婚，所以沒有分家與獨立安排權力。文件 A 代表的案例是，父親代表其餘的兒子與長子分家產，而次子是分家時名義上第二方的代表。這份文件也誤導了父親的角色，由文件上看，他似乎在完成分家之後就消失了。事實上，當長子拿走他那部分的家產後，阿田繼續做這個家的家長。

分家行動中，父親扮演的角色與他之前在這個家中的地位有關。如果他已經從積極的家長退休，或是他所有的兒子都已結婚，那麼他不會以「股東」身分參與分家行動，與其他「股東」相對。協商侷限於兒子們身上，而父親的角色也許只能要求對其本身與其妻的特殊考量上，因為一般的原則是，兒子分家後仍有共同供養父母與辦理他們身後事的責任。最普遍的就是父母（或活著的一方）成為我之前描述的，他們兒子新建立家庭的「集體受撫養者」。兒子們之間分配供養的責任，而父母保留自己的一間房且輪流到兒子家吃飯。雖然聯合供養父母的協議在分家合約上會註明，但執行技術與如何輪流伙食則沒有說明（見文件 B，第 5 句）。輪流的技術有標準模式且被大家公認，因此，兒子們沒有不遵守的空間。分家合約對於可能會產生模糊不清處做了詳細的紀錄，但是執行協議的具體方法，如果將來不容易被誤解的話，就不必寫下來。

輪流供養父母的另一選擇是，協議其中一個兒子接他們住在他的家戶中，而從其餘兒子那裡收取津貼。這津貼可能是約定支付的形式（見文件 C，14 句），或是經由轉讓額外的土地給供養父母的當事人。後者的安排有時與「長孫田」（chang-sun t'ien）的想法相關。這個觀念似乎與所有兒子對家產都有同樣權力的想法不同，就是讓長子的長子得到除了他的父親與叔叔們之間分配的那些之外，額外的一份（參見 Freedman, 1966: 50-51）。然而，額外得到的土地鮮少是沒有代價的，因為得到土地的當事人要比其他人承擔更多的義務。文件 D 指出，在一個案例中土地分配的條件如何讓收到者成為唯一供養母親的人（第 4 句）。名義上收到此土地的「長孫」，幾乎仍然是他父親家的一位成員，而且土地實際上是增加這個家的家產。所以

在文件 D 中，土地是由旺德（Wang-Te）管理，而不是他的兒子少襄（Shao-Hsiang）。除非所有分家當事人都同意，「長孫田」不會被區分出來，而幾乎不可避免的這是要確認收到「長孫田」者，也將承擔附加的義務。

　　家庭有責任支付其成員的婚禮費用，如果分家的兒子們有未婚的兄弟或姊妹，他們可以從家產中要求這一份。在文件 E 中，這個義務的表示方式，是給三兄弟中的一位，預備再婚的鰥夫附加的現金。現金也像這樣撥出來給姊妹，通常分家後但尚未結婚前，她將跟其中一位兄弟同住。

　　文件 F，發生的時間比到目前為止所談到的文件都早，說明了在主幹家庭的分家中，許多牽涉到分家的不同的過程與要求如何被同時激起，這些要求如何減少已婚兒子的那份家產。那是父親與長子協議的結果，前言中的詞句好像是父親的命令；句子 3 中主張有一塊土地是為了支付婚姻之用；句子 4 與 5 則是描述用於供養父親與喪禮花費之用的財產。屬於父母的義務，不必包含在文件的內文中。但當這些義務被一方當事人轉換成要求權來對抗另一方時，這些義務有可能會被寫下來；這個例子中，原本由一群兄弟共同分擔的義務，由得到補貼因此要負附加責任的那些人來承擔。於是，在文件 F 的條款中，長子鼎仁（Ting-Jen）不再需要供養他的父親慶豐（Ch'ing-Feng），或資助父親的喪禮費用，或幫忙支付弟弟們的婚禮。所以可以看到，即使是基本的父子關係也可經由書面協議而修正。

　　以上討論所處裡的分家，其家庭是經由從夫居婚姻與父系世系的一般模式而形成。但是我們已經知道，在缺乏男性後代活下來的家庭中，家庭可能由收養或招贅婚來延續。如果一個家包含養子與親生兒子，兩者對家產有同樣的權力，但是因招贅婚而來的兒子，則依照婚姻協議來決定可否繼承。通常的做法是兩家的姓平均分配於小孩間，長子或長女姓母親的姓，第二個孩子不論男女都姓父親的姓，依此順序類推。不過，若兒子姓父親的姓對家產只有一點點（或根本）沒有權力，除非當初的婚姻協議有其他的約定。因為願意招贅婚的男子通常沒有土地而且很貧窮，他們在處理協議條件時沒有什麼討價還價的能力；大部分的例子裡，他們必須確定他

們有土地可耕作，而且他們的一些兒子可以姓他的姓，雖然沒有任何繼承權。文件 G 就是在這樣的情況下：簽名的第一人是母親，接著是姓她的姓的 4 個兒子，然後父親、3 個跟父親姓的兒子。這個例子中，像之前提到的其他例子一樣，實際分家的只有兩方——父母與他們的長子。文件上沒有列出他所得的土地——事實上只有 0.10 甲——而是將整個土地全部歸於葉姓兄弟所有；換言之，雖然郭（Kuo）姓拿走了一部分，但這份家產的最後瓜分還沒出現。

附錄 B 中的文件除了一份之外，其他文件都是在 1950 年後寫下來的；這些文件不僅僅說明之前所提出的重點，也提供了分家習俗效力的具體證據。文件 H 是在一個有點不同的範疇內，因為它的確是一份遺囑；在率直的言詞中，它指出習俗本身與國家法律間的薄弱關係。在遺囑中的一個要點提及「假登記」，目的是為了保護土地在土地改革法之下不被強迫購買。在別的地方，遺囑被視為「法律文件」，而且如果沒有遵守它的指示可以求助於「法官」（law officers）。在當地社區的背景中，這份文件的確有所謂的「法律效力」，而且它的條文符合當地的慣例，將遺囑當作是用於分家行動中的證據，可以改變財產的分配，但是我懷疑它是否真的會被用在法庭上。當地的慣行不會跟著國家法律系統所設定的方式走，不過會被當地社區內運作的普遍制裁來強化。

轉向談複合家庭有不同持久性的問題時，首先我將指明，在菸寮繼續家庭的統一受到鼓勵，確實因來自統一的好處，特別是經濟上利益遠遠超過各個當事人預期分家後的好處。不過經濟元素的重要性，必須放在家庭發展的內涵中來看，因為當已經維持了許多年想要分的那個家，相對於只在一起很短時間而要分的家，因素的不同組合可能最為重要。

我可以根據家的經濟活動會助長或是阻礙分裂，而將家放在一個尺度上，來說明一個家能維持長久與造成它分家的決定性因素之間的關係。在一個光譜的極端，其環境至少對一個聯合家庭中的某些單位而言，分開有正面的利益。舉例來說，在上述分家的家中，從幾個兄弟中最年輕者的立

場看，可能沒有什麼全面性損失。失去龐大工作勞力的效率，或擁有大量集體資源的利益，可能還比不上從其他處的所得；已婚但還不是父親，這個最小的弟弟可以在自己的土地上工作，計劃有自己的小孩然後供給他們受教育。分家後，他不必再為供養侄兒而工作；他們的福利與教育已消費掉許多家中的財富，使家產的擴張受到限制，也減損了未來給他自己小孩的機會。在這樣或類似的情境下，可以不必提到所有聯合家庭分家的必然性，就可以解釋分家。當思考家庭光譜的另一端時，同樣的想法不必然是對的。此處分家對所有相關者可能是經濟災難；每一個人有專門的角色而且家以一個整體向前邁進，某種程度來說任何部分獨立都不可能。不過這樣的家庭也分家了，而且在延續性結束時，我們不能訴諸像這樣的家庭特殊經濟環境，而是應該查看家庭經濟組織的特色。

我認為再分配安排中潛伏的弱點，確定了無論如何所有家庭終將分家。我們知道只要父親有能力做家庭基金的管理者，他通常對不同兒子的「伙」都試圖公正不偏；但是到父親死亡或退休後，再分配來到長子掌控之下，父親對家庭統一的承諾，長子不一定都做得到。從家庭結構看，長子處在一個曖昧的位置上；在家庭內的分配上他站在中樞的地位，而同時他也可取得自己「伙」的資源。他可以把從其他家庭成員或他管理下的家庭事業中得來的錢交給他的妻子；他可以把家裡的錢放在銀行保存，或保存於家內的基金中，這些錢只有他可直接拿取；最後，他會站在對自己的事業或自己的小孩有利的位置上來分配基金。

如果長子與他的弟弟們都有想維持家庭完整的願望，那麼家庭基金的管理就會有公共的特性。管理財務的兄弟要費盡力氣為他的做為辯護，而且比起他的父親，他更被仔細觀察。至少在 2 個菸寮的聯合家庭中，長子保管詳細的帳簿，此帳簿經常被其他家庭成員檢視。藍格（1946: 160）指出，如果由一位兄弟管理家庭的錢時，為了表示對家庭的持續忠誠，同樣的過程有時也可在中國大陸的例子中出現。一個家由兄弟掌管固然可以維持多年的統一；但他在收取與分配家庭基金的過程上，可能得受到兄弟姊

妹的監督，不過對於投資與消費必須自己做最後決定；而且因為有消費者均等的原則，長兄的「伙」的確享有較多的家庭供養。與他的父親不同，身為長子關心的是他自己「伙」的最大利益，對弟弟們來說，漸漸難以說服他們去相信他們的哥哥是站在全家的利益上行事，儘管事實上弟弟們相信自己的「伙」留在大家庭較好。因此，分家有時很可能發生在一位兄弟擔任家庭財務經理的期間。

如果所有的複合家庭遲早要分家，不論如何似乎很清楚，在家庭不同持久性背後的主要因素是，形成家庭經濟特色的相互依賴程度；也就是，同等的努力導致經濟上獲益的程度。相互依賴是相對的，因為所有分家的案例可能多少有一些經濟損失，然而相互依賴因不同經濟活動而有不同程度的著重。

種菸草的家庭在經濟上的相互依賴被提升，因為菸草這個作物需要許多勞力同時有很高的報酬，所以家庭工作者的經濟價值增加了。在菸寮，菸草種植對家庭發展有直接的影響。1965 年 5 月的調查結果是，22 個聯合家戶中有 17 家種植菸草，14 個主幹家戶中有 7 家，32 個婚姻家戶中有 13 家種植菸草。菸草耕種比較適合有相當多生產成員的家庭，而且有些家庭開始種植菸草時就已經是聯合的形式；重點是，家庭發展順序的聯合階段，會因一旦栽種菸草而延長。1965 年的數字反映菸草種植的家庭比其他家庭有較長時期繼續在一起的趨勢，而有時分家發生於一個階段，即當家進一步發展到足以形成另一個聯合或主幹家庭之時。表 27 比較從 1940 年起，菸草種植者與其他人的家庭發展順序，那一年 6 個菸寮家戶第一次種黃色菸種（Bright Yellow）的品種，這品種今天仍在種植。這個表顯示，菸草種植者如何在形式上較為複雜，如何維持複合單位較長一段時間，比沒有種此作物的家庭更容易發展為聯合家庭。

表 27 終止於分家的家庭發展順序，主要父系群，菸草種植者與其他人，菸寮
（1940 至 1965[a]）

	發展順序	案例	第一次分家到第二次分家間的平均年數
菸草種植者	婚姻到聯合	8	42.0
	婚姻到主幹	1	2.0
	主幹到主幹	1	7.0
	主幹到聯合	1	15.0
	聯合到聯合	5	15.4
	總平均		27.3
其他	婚姻到主幹	3	15.3
	婚姻到聯合	4	26.0
	婚姻到兄弟聯合[b]	4	3.2
	總平均		14.8

[a] 不是所有的家庭都在同一時間種植菸草；如果在一個家的發展順序中開始種植，這個家就歸入菸草種植這一欄內。

[b] 弟弟們結婚後不久從舊家分出（父母已亡）。

　　另外一個方便測量這個趨勢的是婚姻與分家的關係。從 1940 年起，在菸寮主要父系群中種植菸草的家庭裡有 45 個新家庭單位因分家而產生；其中 31 個，約 69%，要分家的兄弟當事人仍留在一起一直到所有的兄弟都結婚後才分開。沒有種植菸草的家庭，分別是 23 與 3，後者僅占前者的 13%。如果分家由父子關係來看也有重要的差異。26 個種菸草的家庭，約總數的 58%，是在父親死亡後分家而形成的，同樣的狀況發生於 8 個沒有種菸草的家庭中，約 35%。不過這些數字實際上關連到非常不同的情況，如所看到的，如果將兩種測量家庭統一的方法合併，則如表 28 所示。在菸草種植者中，父親死亡後的分家一律只有在所有兄弟都結婚後才發生；然而，沒有種菸草的家庭，父親死亡後接著兄弟就分家，而有些兄弟還沒有配偶。所以種植菸草的家庭有較大複雜性，與此相關的情況就是，有很強的力量鼓勵父親與兄弟聯合在一起。

表 28　菸寮主要父系群的分家，種植菸草者與其他者，1940-1965

		父親還活著時分家		父親死亡後分家	
		案例數目	產生的家庭數目	案例數目	產生的家庭數目
在所有兄弟皆結婚後才分家	菸草種植者	2	5	8	26
	其他者	1	3	0	0
在所有兄弟都結婚之前就分家	菸草種植者	6	14	0	0
	其他者	6	12	4	8

　　菸草生產對家庭經濟影響之一是，分家後在家庭面臨各類勞力需求上的問題遠比其他沒種菸草的家嚴重。這可以從區分工做為家內與農業上看出。在所有菸寮的複合家庭中，養豬是農業副業，而家內工作是全職的工作。媳婦輪流的系統是公平分配家內勞力的一種方式；即使是在田間工作繁忙之時，如稻米收成，家內的勞力被認為比農事更繁重。在婚姻家庭中，家內勞力的需求比較有彈性，但是當養豬併入日常行事中時，家中的那位女子幾乎整天都得待在家中，所以家內工作在時間上經常與其他的要求衝突。

　　黃清得（Huang Ch'ing-Te）原是菸草種植的聯合家庭，於 1963 年分家為婚姻家庭的單位後，導致經濟活動減少。當時，四兄弟之一的黃是個屠夫；他從農會購買豬肉然後在菸寮及鄰近區域零售。黃在分家後繼續這份工作，他也繼續養豬當副業；像大部分的養豬者一樣，他賣活豬給農會。黃和他的兄弟一樣，也繼續種植菸草。黃只有妻子是家中另外一個生產的成員，他很難再繼續這些多樣的活動。在菸草種植季節，如果他的妻子在田間工作，黃就必須在家中煮飯與照料豬，以及在外賣豬肉間權衡時間分配。

　　有一段時間黃為了繼續所有的事業，進入多樣化特別的安排。舉例來說，他說服雜貨店的老闆幫他賣豬肉（雜貨店會吸引較多消費者，黃說）。但是，這個家無論如何非常依賴雇用的勞力來種植菸草與做其他工作。經

常這些工人只受到黃妻的部分監督，因黃妻無法花很多時間在田中。在我住菸寮期間，黃痛苦地抱怨：工人們很不值得信賴，家中養的豬也不令人滿意，重疊的責任使他流失了許多客戶。1965 年在我離開 6 個月後，黃終於放棄了他外面的事業。

　　像這樣的農業工作也包含對家庭勞力的重疊要求，不過如果沒有種菸草，這種重疊只有在勞力需求很短的尖峰時期才會發生；如果從事菸草種植，這樣的期間就大大的延長。菸草與稻米在家庭勞力的需求上相對的重要性可從黃川生（Huang Ch'uan-Sheng）的聯合家庭來說明。他是菸寮最貧窮的家庭之一，黃與妻子都從主要生產者的角色上退休，家庭的工作勞力包括 3 個結了婚兒子，他們的妻子，和單身的 1 個兒子與 1 個女兒。這個家的土地有 0.70 甲，1965 年他們種植 0.60 甲的菸草。所有的人都說，與菸草生產有關的工作每位家庭成員要工作 104 天，包括換工義務在內，不過換工只用於收成期間。除了特別忙碌的收成日子雇用一位工人外，其他時候全都依賴家庭的勞力。家庭勞力全部有 391 個工作天，如何使用摘要如下：

每一天家庭工作者的數目	工作天的數目
1	15
2	8
3	20
4	20
5	28
6	11
7	2

　　1964 至 1965 年間種植兩次稻米，每一次種的面積 0.50 甲，需要較少的勞力。關於每一天有一個以上家庭工作者的勞力資料如下：

每一天家庭工作者的數目	工作天的數目
2	1
3	2
4	-
5	-
6	2
7	2

　　不談稻米，菸草生產並沒有完全用到 8 個人的勞力。然而，盈餘非常豐厚；未婚的兒子曾經被合院中另一家庭雇用為全職的僕人，而已婚的兒子也有辦法做一些零工，尤其是在菸草季節期間。在 1964 至 1965 這個農耕的年度，這個家花費將近新臺幣 40,000 元做各類的用途。這筆錢，其中新臺幣 10,000 元是工資所得，新臺幣 26,000 元來自賣菸草收入，其餘的錢大部分來自養豬所得。這個家無法擴張它的家產，因為家的收入勉強維持目前的耕地與家人生計，過去幾年家還負債，主要是向親戚與鄰居借錢。

　　如果黃川生的家以目前組成的「伙」為基礎來分家，將會形成 3 個新家且 2 個以上的女人將被迫做日常的家內工作，可以從事家以外全職工作的人數將會從 7 個減至 5 個。現在，家庭農場最忙碌的期間正是兄弟們可以到其他種菸草家庭處當雇工之時。雖然工資有不同，於 1964 至 1965 年間，任何與菸草種植有關的工作，一天的工資為新臺幣 25 元。如果在 1964 至 1965 年間構成這個家的工作勞力現在減少為 5 個人，這一年需要全體動員做菸草工作的天數將會是 41 天。此外，有 11 天這 3 個家將缺 1 位工作者，有 2 天將缺 2 位工作者。不過 1964 至 1965 年間的損失不會比前 5 年多太多，因為公賣局（Monopoly Bureau）暫時增加這個家的配額到 0.90 甲。未婚的兒子，1965 年時剛好 19 歲，已經在菸草配額削減之前的那 4 年間就參與菸草工作，不過因為配額削減，這個家就可以空出他的勞力做其他工作。與菸草相比，相對的稻米生產因分家引起的損失的確較少。如果減少到 5 個勞力，一年中將有 4 天缺少人手，全部的損失最多是 6 個工作天。

　　菸草生產在農民的家中產生很大的相互依賴，同樣的結果也發生於家庭多角化經營到非農業的事業。關於多角化經濟相互依賴的例子，我們再一次以黃右徠（Huang Yu-Lai）（第五章）的家庭為例；回想一下，他其中的 1 個兒子既管理農場也在農場工作，而其他 3 個兒子則分別照料磚場，卡車事業，與在菸寮南邊一個小鎮上的學生宿舍。經營學生宿舍的男子與妻子住在宿舍所在地，但其他 3 個女子則輪流在農場與家中工作。這個家中的一位男子說，種植 1.50 甲菸草配額的農場，與其他的事業，過去幾年間每年總共產生新臺幣 100,000 元的利潤（我懷疑真正的數字更高些）。

　　無論如何，大量的錢可用來投資，而且這個家計劃發展新的事業。假定他們現在要分家，他們的資金被分成 4 份。沒有一個新產生的家有能耐來進行自己盤算的投資。可以這麼說，總合每個單位有限投資所帶來的全部收益，未必會比來自現在如此組成的家庭統一的投資要大。分家也意味著目前事業總收入的減少，而且菸草種植也會受到影響。剝奪了共有的收入，像磚場與菸草農場這樣的事業，週期性的需要大筆資金買原料，可能就必須經常向外在來源短期借貸。利息的支付，更多需付薪水的工人，以及資金流通的損失，全部都會造成總收入的減少。進一步而言，現在已成長孫子們的管理才能也將無用武之地。

　　到目前為止的論證是，在聯合家庭中多角化經營與種植菸草兩者都有增加相互依賴的傾向。但是某個方面，有矛盾的地方；多角化將人們從農業移出，而菸草種植將人們留下。然而，如我曾嘗試指出，在菸寮區域與種植其他作物相比，菸草的影響力非常特別，而且我們已經在第五章看到，沒有種菸草的聯合家庭比那些種植菸草者，展現較大程度脫離農業的多角化經營。所以，所有菸寮的聯合家庭表現出相互依賴的性質，都與經濟活動相關，這讓他們與種稻米的農民不同。每一個家庭發展的特殊過程，導致不同的經濟活動樣貌，但是對每一家都一樣的事實是，家庭組成成分的「伙」以男人為首，他們知道他們彼此需要；他們意識到相互依賴，所以比起那些繼續依賴稻米或其他作物而不是菸草的農業家庭中的男人們，他們對家庭統一的專心致力更加表露無疑。

第八章　菸寮與中國的家庭

雖然一些讀者可能會懷疑，人類學者依其田野的推論在其他地方的普遍性為何；我想觀察我在菸寮的發現，如何可以進一步全面瞭解中國家庭非常重要。

先前關於這個主題的論述，就可以感覺到很重視理想標準家庭生活的傳統觀點，而此想法是由儒家學者與中國帝國官僚體系所廣為散布。根據這些標準的家庭生活描述，見於王朝歷史與其他文件中；因為他們和諧地住在一起好幾個世代，所以被稱為「義門」（i-men）或「公正的家庭」〔見Ch'u（瞿同祖），1959: 19-20〕。以下就是在《宋史》（*Sung History*）中所描述的陳（Ch'en）氏家庭：

> 陳崇（Ch'en Ch'ung）的家經過幾個世代都沒有分家。唐（T'ang）朝皇帝僖宗（Hsi-tsung）頒褒揚令給他們；南唐（Southern T'ang）時他們又再一次被宣布為公正的家庭（義門）而且可以免除勞役。這個家中陳崇的兒子陳袞（Ch'en Kun）和袞的兒子昉（Fang），13個世代住在一起；包含老的與小的，總共有700個人。他們沒有女僕或姨太太，而且也沒有爭吵。每一頓飯，他們聚在大餐廳裡一起用餐，大人小孩分別用餐。這個家有100條以上的狗；一起在狗舍餵食，這些狗會等到所有狗都到了才開始吃飯……〔Wang（王人英），1963: 33，引自《宋史》〕

這樣的家庭如果存在，也是反常的少見。然而我想持平地說，關於中國家庭生活的現代分析已經被大家庭的理想給攪混了。這樣的發展可以追溯到這個世紀的初期，就是當第一個公開的社會學描述，將中國家庭的聯合家庭或大家庭當作是整個中國家庭組織的普遍形式之時（見Fried, 1959）。最早的討論是在社區研究出版之後，根據社會調查與家戶統計資料，顯示聯合家庭事實上相當少，婚姻家庭與主幹家庭是一般民眾可能的安排方式〔見Hsu（許烺光），1943〕。

　　如果最早的詮釋誤解了家庭理想與實際之間的關係，那麼無論如何它們成功地讓這種關係成為之後分析的主要焦點，但讓一些後來研究遭殃。首先，中國家庭的大小對許多學者而言已是特別敏感的主題；不久前傅利曼採取這樣的評述：「過去十年討論中國家庭系統時，習慣地皆以嚴厲譴責早期認為『聯合』或『大』家庭是典型中國家庭的觀點來開始。這個觀點到目前為止已被研究中國社會的學者很快地帶過去」（Freedamn, 1958: 19）。唉，這項譴責沒有平息的跡象（見如：Levy, 1965: 9）。當早期誤解的歷史已經相當清楚之際，對這個主題繼續產生熱情的理由仍然值得探索。[1]

　　對於早期誤解大家庭理想所造成的社會影響，學者們一般的反應是，從似乎最容易接受這個理想的社會因素來理解聯合家庭模式。費孝通，第一位引介鄉民與仕紳差異的學者，如此寫道：「通常相信在中國，家庭的單位是大家庭。有一大群親屬一起住在大房子裡，不過這種現象只有在仕紳階層中才有」（1946: 2）。對費孝通與其他學者來說，民族誌的事實與仕紳或菁英的社會觀點並不一致，因此仕紳所談的應當只是他們自己而已。然而，似乎沒有人追問，既然仕紳不能準確地呈現整個中國社會，當他在描述自身所屬的社會時，為何仍被視為有解釋能力的民族學者。聯合家庭被認為理所當然地屬於仕紳或菁英階層，象徵著地位、財富與政治力量，而簡單的家庭則與鄉民地位有關，表現出不同程度性質的貧困。所以，分析被侷限在尋找聯合家庭的特徵與仕紳社會特色間的關連。

　　此處我只能順著這條分析的脈絡，簡要地談一些最重要的學者們。費孝通強調的是經濟與政治因素將仕紳與鄉民區分開來，而且這些因素也支持他所謂的每個階層有其流行的家庭組織（費孝通，1946）。費孝通的想法被莫頓‧弗里德（Morton Fried）進一步發展，弗里德將仕紳與鄉民不同的經濟與政治利益，與不同的「次文化」相連，每一個次文化有它特別的家庭安排（Fried, 1952, 1962）。傅利曼文中有一個很普遍的模式，財富與社會地

1　拉斯萊特（Laslett, 1972）批判與有趣的回顧關於工業革命前歐洲與其他地方流行大家庭的早期想法，某種程度上使人聯想修正主義者對中國家庭大小的討論。在同一篇文章中，他展示用來分類以及圖解家戶結構的有用系統。

位跟家庭複雜性有關連」（1970a: 3; 事實上傅利曼是在批評我的文章，見 Cohen, 1970a；也參見 Freedman, 1958: 28ff; 1966: 47ff）。

有些學者認為，在家庭結構與仕紳—鄉民對照的關係上，規範比經濟因素重要。根據許烺光（Francis Hsu）的說法，聯合家庭是身分或威望的象徵，在階層界線兩邊有不同的分布；這個形式的家庭需要很強的父子關係，在鄉民間對此「漠不關心（indifference）」（1943: 561），或者仕紳與鄉民間有「不同信念（differential adherence）」（1959: 129）。另一方面，列維（Marion I. Levy）主張聯合家庭是遍及於整個社會的一個理想，但卻是鄉民無法達成的理想，因此他們之間有「一個無法實現的內在社會挫折（an inherent social element of frustration to be found）」（1949: 59）。

在傳統中國明顯的有財富差異與菁英的生活方式，但是菸寮的狀況指出，家庭型態的不平均分布可以不必從假定仕紳與鄉民家庭行為不同來理解。當然在中國，人們可能生活在不同的社會與經濟環境下，在一個村莊或小鎮，家庭間的經濟活動可能就有很大的差異。處理菸寮的經濟生活，我試圖顯示，不同的經濟活動可以從他們帶入家中的經濟相互依賴來比較。不過這樣的比較，只有當涉及的單位有類似的結構才有可能，同樣地與中國家庭比較時也是如此。家庭經濟角色的安排，如：再分配者、經理人、或工作者，與共同資金及資源再分配等是家庭生活適應各種不同經濟活動的特徵。

我認為對家庭組織而言，最為重要的正是基本實踐的一致性（basic uniformity of practices），而此點還沒有被學者們充分強調。所有的中國家庭都處在家庭是合是分的持續緊繃狀況下。此處至少要有兩個男人才會走上分家之路，基本的問題是：為什麼有些家庭比其他家庭可以較長的時間在一起。如果「仕紳」或「儒家」的理想一致地分布，那麼這樣的理想無法解釋家庭形式的各種變異，而只是強化家庭模式的因素之一。如果假定「在一起」對菁英群體比對其他人更為重要，那麼也有問題需要解釋。可以安全地說，傳統時期關於收入的共同資金與男人聯合擁有家產的規範，到現在為止比較被人群中的菁英們遵守，不論這個群體如何被界定。那些較

早分家的人與那些在一起較久的人，遵循的是相同的規則。除非可以顯示菁英有不同的家庭組織原則，否則以菁英對理想或規範的獨佔來解釋聯合家庭，事實上是一種套套邏輯（tautological）。

在處理社會與經濟差異對中國家庭形式的影響時，比較有用的是再一次強調，對家庭組織很重要的是，把人與人間的聯繫與一個家產的共同聯繫相結合，而家產可以有各種大小與價值。非常貧窮，確實可能剝奪了讓家凝聚一定要有的物質資產，所以相對地強調家產的有或無，比強調仕紳與鄉民間家庭組織的顯著差異更加有用。的確，傳統的仕紳已長期在臺灣與大陸消失；然而，在臺灣，家庭農場與其他私人事業的存活，提供聯合家庭在農村地區繼續發展的背景，而以現在或傳統的標準來看，這些家庭都不應被認為屬於菁英階級。而且我將提出在中華人民共和國，聯合家庭早已失去可行性，主要因為土地與其他大部分生產的財產皆集體化，而此原因遠大於對菁英理想的攻擊與菁英階層的崩毀（關於中華人民共和國家庭生活的敏銳與最新的分析，請參見 Parish, 1975）。

現在根據我提出的觀點，讓我們來回顧最近幾個從香港到臺灣的民族誌紀錄詳細狀況。華德英（Barbara Ward）在香港的田野工作（Ward, 1965）是做「蜑家」（Tanka）或「船上人家」的研究，「蜑家」遠離菁英與任何中國社會的群體；保守的說法是，在當代香港社會他們是被看不起的一群人，在帝國時期，幾世紀以來他們都被歸為「賤民」而且不能參與科舉考試。然而華德英發現在蜑家漁民中聯合家庭相當普遍，她下結論認為蜑家渴望也能夠有近似仕紳的行為。

此處，先前的重要分析可能會產生有趣的影響，而將華德英的例子轉向經濟因素的解釋，因為大多數情況的確如此。問題焦點在於：那些在岸邊圍網捕魚的漁民（purse-seiners），特別喜歡生活在聯合家庭中。這問題可以如此被釐清：如果拋開菁英理想是主要因素的假設，而代之以肯認使用家庭自身勞力比花錢雇用勞力便宜更划算的話。因為我們被告知：「在岸邊圍網捕魚的漁民……無法只以核心家庭來繼續；雖然可以雇用人來補足需要增加的人員，但這不是尋常的方式；所有滘西（Kau-Sai）圍網捕魚

漁民的家庭都是從夫居擴張的型態，或是部分這類的家庭」（同上引：119-20）。

再者，由於一艘船的不可分割性，分家也可能造成災難性的結果，影響到家庭的完整無缺。華德英選擇強調「聲望」（prestige）來詮釋的一個理由，或許跟此領域的人類學者與社會學學者的研究傳統有關。早期關於複合家庭此問題的探討，以階級為主要切入方向，留給從經濟角度切入的空間有限，因此，蜑家漁民聯合家庭的出現只能被視為仕紳理想影響力的展現。

盧蕙馨（Margery Wolf）的著作《林家》（*The House of Lim*, 1968），是她對臺北近郊村莊中一戶說閩南話的聯合家庭詳細豐富的個案研究，其文學性與描述的技巧是一大貢獻，事實上可用來確認中國家庭的組成是根據一致的模式（a uniform pattern）。盧蕙馨描繪林家的完整性，讓我們看到他們如何成為一個中國家庭單位的典型，即使盧蕙馨強調她所思考的是他們的特殊性質。她主要論點之一是，當村中其他家庭分家時，林家有繼續維持的能力，而且她將他們仍住在一起與其獨特性相連結，而此獨特性在某種程度上是他們引以為傲的：

> 談到林家的榮譽感，這樣的人類行為難以形容。大部分村中的家庭在他們的兒子結婚後沒幾年就分家了，就是因為這個事實，成為林家不要這麼做的最強動力（1968: 145）。

根據盧蕙馨的說法，林家的特殊性有另一個因素—就是建立這個家的男主人有其特殊的影響力，當盧蕙馨與其現在的家中成員同住時，這位創家始祖已去世10年：「他的個性與對他的記憶，讓他們在一起很多年」（Wolf, 1968: 148）。

盧蕙馨依序聽取林家不同成員的看法，正因為我們看到每個人如何回應共同分享的家庭狀況，我們更可以清楚地看到他們做為一個個體的特色。當然盧蕙馨並沒有暗示林家的家庭生活是以特別的方式組成，而此方式某種程度上是這個家每位成員獨特的集體表現。但是她既沒有清楚描述這個家哪些家庭生活層面是中國模式的特徵，也沒有說明哪些層面是林家

獨一無二的。雖然她強調典型的中國家庭生活，分家是因家中男士對家產要求平分而起，但是她沒有指出維持統一的關鍵是經濟的因素。

無論如何，盧蕙馨在描繪林家時加入了重要的經濟背景。請注意她的描述中有他們如何經由「細心的分工」獲取他們的生活所需：

> 最長的男子，因此成為家長……擔任一般的管理工作，決定家庭收入何時與如何使用，同時……他也管理家庭事業，水泥袋工廠，此廠雇用了 4 到 20 個村中女孩。「家長的已去世弟弟的長子」……主要負責耕作家庭的…土地，也安排販售土地的生產物。「農場管理人的妻子與家長的妻子」共同分擔……煮飯工作，每位婦女一次負責 5 天的工作。「弟弟的寡妻」主要的責任是，為家庭一打左右的豬隻收集、分切與烹煮食物。（M. Wolf, 1968: 34）

於是，在林家，我們發現熟悉的狀況：一個聯合家庭有多樣化的財產，而且已婚男人有他們自己專業的工作。同時盧蕙馨的確提到：「這樣的勞力分工，使得一個家比起如果它被分成核心小家庭單位，更能有效地維持」（1968: 34）。所以很明顯的，如果分家因林家的驕傲與創始者的個性而延遲，唯一的原因其實是林家有可以繼續供養自己的那種經濟基礎，而此是在他們社會中一個家如果要比其他家維持較久必須擁有的基礎。

戴瑪瑙（Norma Diamond）研究南臺灣的一個漁村鯤鯓（K'unshen），對各種不同家庭形式的相關因素，提供了一個稍微折衷的解釋；她說這些「部分是經濟環境的結果，而部分是圍繞在家戶與家庭周邊的價值」（Diamond, 1969: 62）。雖然「核心」與主幹單位很普遍，在社區中仍有一些「複合擴大家庭」的例子，這些家庭「對有些家庭來說……是無法實現的理想，而對其他家庭來說……既不實際也不是理想」（同上引）。但是再一次地，理想是「儒家聯合家庭」，戴瑪瑙明顯否認在理想、經濟地位、與複合家庭之間有一致的關係。（同上引）

　　戴瑪瑙的分析引發了關於理想或規範與行為之間關係的重要問題。很明顯地在鯤鯓社會中，家庭的經濟組織是根據一般的中國模式，在收入貧乏的情況下，而且通常在父親的控制之下（1969: 65-66）。至於家的家產，戴瑪瑙說：「理論上，每一個兒子對家庭財產有均等的股份，只有長子可擁有多一些」（1969: 64），但是「實際上，父親會將他的池塘或竹筏和釣魚裝備留給其中一個兒子」（同上引），與此同時他的兄弟們可以從事其他的行業。還有她也注意到：「如果家中年長者有堅強的個性，他們的家會維持到這些長者死亡，一旦兒子們展開不同的職業就開始完成程序」（1969: 65-66）。根據戴瑪瑙的研究，鯤鯓的繼承實例與以下事實有關，就是大部分的家庭沒有可以「分割……永久……或足以支持複合家戶」的財產。特別是捕魚的竹筏「既不可分割也不是永久的」（1969: 64），因為由竹竿做成的竹筏使用一段時間後必須換竹竿（1969: 12）。由於家產很少，又不是永久的，也不可分割，所以主要的分家過程似乎是父親為兒子安排他們的生涯，雖然最有趣的是：如果這些沒有得到任何家庭財產的兄弟，可能會得到現金補償或其他的方式。

　　無論如何，似乎很明顯，在鯤鯓社會中與家庭組織有最相關的行為是標準化的。家庭有合併的收入是一體的經濟單位，所以家中的男人有中國家庭組織模式所提供的選擇——合在一起或是分家——而且大部分的例子是，幾乎沒有理由讓他們繼續合在一起。

　　整個臺灣公共衛生的改善與現代醫療的引進，漸漸增加了聯合家庭的可能性，因為大部分的家庭現在有較多的兒子可以存活到成年。但是在這樣的背景下，聯合家庭的普及不是不可避免。葛伯納（Bernard Gallin）發現在臺灣中部的農村新興（Hsinhsing），只有 5% 的家戶是聯合家庭，而有 29% 主幹家庭，66% 為婚姻家庭。很明顯地，從他的描述中簡單家庭的優勢主要是分家的結果（Gallin, 1966: 138）。葛伯納研究的村子是閩南人的村子，可能有人會認為強調聯合家庭是客家「文化」的一部分。然而巴博德（Burton Pasternak）研究的打鐵（Tatieh）村，位於菸寮南方約 30 哩的客家村，顯示兩個南臺灣區域的客家居住社區，在家庭型態分布上有很大的

不同。1964 年時，打鐵村只有 4.9% 的家庭是聯合家庭，而有 35.6% 是主幹家庭，55.7% 是婚姻家庭（有 3.8% 列為「其他」）；在中社（Chungshe），另一個他所研究的閩南村落，1968 年時聯合家庭的總數只佔全部的 1.6%（Pasternak, 1972: 81）。葛伯納與巴博德提供的資料，與菸寮的資料一起比較，強調了臺灣健康環境改善後的一個有趣結果：家庭複雜性的變異，現在或多或少純粹是快速分家的結果而不是像傳統的例子那般。所以，我們現在可以更為聚焦在鼓勵與阻礙分家的那些支配力量上。

讓菸寮家庭維繫在一起的支配力量，可以從那些維持較久和種植菸草或有多樣化經營的家庭，與那些無法種植菸草或無其他事業的農耕家庭互相比較而顯現出來。可以很安全的說，在菸寮不能維持長久的家庭，與大部分早期中國人一樣有類似的狀況。他們的農場不像菸寮那些種植菸草的家庭，既沒有商業化也沒有強烈的勞力需求。由於農業的限制，菸寮聯合家庭這種高度相互依賴的特性，沒有在傳統的環境中普遍出現，因為聯合家庭應當是在多樣化的形式之下。許多家庭缺乏足夠的人力朝向多樣化發展，而有人力的許多家庭又無法找到獲利多的非農業職業。在這樣的情況下，當一個以上的兒子長大成人後，分家會相當快速的開始。多樣化比較是富有家庭的特徵，他們較有能力做多方面的投資。

大部分菸寮人的生活，很接近帝國時期官方鼓勵的理想家庭生活形式，但是村中沒有一個聯合家庭符合傳統社會中的菁英。因為土地改革法讓富有家庭無法像昔日的仕紳很熱衷的那樣，把錢用來買土地當地主賺租金，因此從販售菸草中獲利不多，只能維持生計者甚少。所有菸寮的聯合家庭包括了自己動手種植的小農，與傳統仕紳迥然有別；然而，在家庭生活組織中，我們看到一個系統在運作中。[2]

2　在中國家庭系統中，主要相互連結的元素——女人的財產、在大家庭群體中夫妻為一個經濟單位、在一人控制再分配之下的共同經濟、與家產在兄弟間分配——事實上是大部分歐亞大陸家庭組織的特色。關於印度的聯合家庭，見 Goody and Tambiah, 1973；關於蘇俄革命前的聯合家庭見 Shanin, 1972: 219-27。

附錄 A 菸寮：收入來源

第一階段 婚姻家戶

家群	農場大小（甲）	1965 菸草配額（甲）	其他事業	薪資來源	服務業
C1	0.51	0.40			
C2	0.75	0.40			肉販
C3	0			各類臨時工	
C4	0.30			各類臨時工	雞肉中間商 吟誦者（宗教上）
C5	0.45			各類臨時工	
C6	0.10			各類臨時工	
C7	0			各類臨時工	
C8	0.55	0.30	磨米機		獸醫
C9	0.61	0.30	裁縫店		
C10	0.52	0.60			
C11	0.76	0.60			
C12	0.63			辦事員	
C13	2.78		雜貨店		
C14	0		理髮店		
C15	0				木匠（沒有店）
C16	0		糖果飲料店	各類臨時工	
C17	0.05			各類臨時工	
C18	1.13	0.50			
C19	0.10	0.30			鐵匠
C20	0		西藥房		

第二階段　婚姻家戶

家群	農場大小（甲）	1965 菸草配額（甲）	其他事業	薪資來源	服務業
C21	0.96	0.40		各類臨時工	
C22	0.57		美容院	軍中護士	
C23	0.10			各類臨時工	
C24	3.00	1.00			
C25	0.12			各類臨時工卡車司機	
C26	0.10			各類臨時工	
C27	0.18		中藥房	職員	
C28	1.47	0.65			
C29	0.60	0.30		各類臨時工	
C30	1.00	0.40			
C31	0.40		種豬飼養者	侍者各類臨時工	吹奏樂器者（傳統音樂）
C32	0		機動運貨車；糖果店		

主幹家戶

家群	農場大小（甲）	1965 菸草配額（甲）	其他事業	薪資來源	服務業
S1	1.45	1.20	卡車		
S2	1.54	0.50			
S3	0.05			各類臨時工	磚石工匠；木匠
S4	2.75	1.20		薪水（公職）	
S5	1.25	0.90		薪水（政府職員）	藍圖製作
S6	0.80		糖果蔬菜店		蔬菜批發商
S7	1.40				
S8	1.50	0.50		薪水（政府職員）	
S9	0.55	0.30	機動貨運車	薪水（政府職員）	
S10	0.98	0.50		薪水（中藥房職員）	
S11	0.60			各類臨時工	砍伐木頭
S12	0.44			薪水（卡車司機）	
S13	0.56		卡車		
S14	0		卡車	薪水（卡車司機）[a]	

[a] 一位家庭成員開家中的卡車，另一位在別處領薪水開卡車。

聯合家戶

家群	農場大小（甲）	1965 菸草配額（甲）	其他事業	薪資來源	服務業
J1	1.62	0.55		薪水（卡車司機）	
J2	5.71	1.50	宿舍；磚窯；木材廠；兩輛卡車	薪水（政府官員）	
J3	0.70	0.60		薪水（僕役）；各類臨時工	
J4	1.85	1.20	汽油行；林地		
J5	2.54	0.65			
J6	2.87	0.85		薪水（政府職員）	
J7	2.39	0.90	電動耕耘機 [a]		
J8	1.12	0.85	木工店		織補漁網
J9	1.47	0.85	腳踏車販售與維修店	薪水（空軍軍官）	
J10	2.53	1.70	雜貨店；磨米店；電動耕耘機		磚石工匠
J11	5.45	1.80			
J12	0.94		中藥房	各類臨時工	
J13	0.84		木工店；電池服務與電器維修店	各類臨時工	
J14	4.76	1.70	雜貨店；卡車		
J15	0.93	0.80	電動耕耘機		
J16	0.80		機動貨運車	各類臨時工	
J17	1.14	0.90			人物畫像家
J18	1.73	0.60		薪水（卡車司機）	

（續上頁）

家群	農場大小（甲）	1965 菸草配額（甲）	其他事業	薪資來源	服務業
J19	3.09	1.70	電動耕耘機；中藥房		
J20	1.83	2.60	磁磚窯		
J21	1.40		磚窯		
J22	2.30		磚窯；木材廠；雜貨店；卡車		

ª 我將電動耕耘機算為事業，只有當此機器被其他家庭雇用時才適用。

附錄 B　分家的文件

A. 令子囑分居

　　竊思樹大則分歧，源遠則支流，此乃自然之理。今般吾為父親本人高齡尚在，惟求汝等兄弟分居，起展前程之大計。但當日席請族親前來立會，將我之土地及家產自言條件分配，各須遵守而行，各自經營成家創業，以增宗光，是吾身所切望。謹分配條件如下：

一、土地座落龍肚段 A 地號田，7 分 5 厘 4 毛 8 系之內從北端與連徠交界起，直透東西一過割與得徠所得。

二、土地座落吉洋段 B 地號單田，0.7127 公頃之內近冰昌交界起透南北一過貳坵，分與得徠所得。

三、除分與得徠以外，其餘土地面積分與光田、生田、金徠、風徠等四人共所得。

四、菸屋、乾燥室及下舍三間並東片下舍牆外之空地一丈二尺之數分與得徠所得。

五、現住家屋廊仔一間，並橫屋一槓分與光田、生田、金徠、風徠等所得。

　　上記分配條件各須依照履行，口恐無憑，茲立分書一式兩份，各執一份為日後之據。

　　中華民國五十四年 X 月 X 日
　　分配人　父親　黃阿田
　　受配人　長子　黃得徠
　　　　　　次子　黃光田
　　　　　　三子　黃生田
　　　　　　四子　黃金徠
　　　　　　五子　黃風徠

立會人　黃右倈

　　　　黃發倈

代筆人　葉旺星

追批而日後父親壽終時喪葬費用一切理當兄弟五人均則之事。

批的追認　　長子　黃得倈

追認代表外　三人　黃光田

B. 持分證

承慈命我等兄弟四人將祖上所有遺下並現在全部財產均配，各承其業各振家聲各增祖宗之光榮也。

一、家產分住權力，大圳邊老店屋及基地，由公認界址在內係屬新豐所得之件，菸樓本座前後該兄弟四人同用，及菸葉亦同分作權利，菸樓兩片下屋及基地所屬係歸德豐所得之。

二、原住屋從西節貳間及路外屋從南節四間及基地全屬西宏所得之件，從東節四間及路外屋從北端竹造豬欄壹降及基地全屬與淵宏所得之件。

三、房屋補助建築費一萬元正，由現在公產支給德豐為建築費用之事。

四、現負債帳及舊久稅一切由西宏、德豐、淵宏三人均開負責，元利償還清楚，不干新豐所關之事。

五、現存有祖母、慈母兩人福衣食費、醫治費及將來喪葬費用，該當兄弟四人互相供養孝意，共獻其禮及祖公香火亦輪敬奉之事。

六、私有土地七分三厘之圖內除起二分地歸屬新豐所得，其餘額均屬西宏、德豐、淵宏三人持分權利。又私有第一分六厘之內均屬西宏、德豐、淵宏三人均開作用之權利。立批又私有三七五祖田一分九厘之內係全歸與新豐耕作之權利再批。

七、祖母、慈母二人從此起每年祝壽誕日費用，該兄弟四人從上輪下各自負責為任。

上記之條件因兄弟受慈命令及宗親立會各供喜悅，做為持分證四書，各執一書永為執照不得異議。

　　慈親　　陳阿金
　　　　　　黃新豐
　　　　　　黃西宏
　　　　　　黃德豐
　　　　　　黃淵宏
　　宗親　　黃阿田
　　　　　　黃右倈
　　　　　　黃連倈
　　　　　　黃發倈
　　公親　　葉旺星
　　依口代筆人　黃清雲

C. 鬮分字

立出鬮分字人傅清風、傅其風兄弟二人，竊思九世同屬姜公之遺風，田氏之意氣猶存然，而古人有言，樹大有分支，日子長有分居之時，予等兄弟雖無管鮑魚之心，常存吳越之志，今因都合動議分居，及日邀集公人二三到堂立會分配，惟願自分以後，各各努力經營以增門楣之光彩，莫失祖上之遺風，茲將分配條件分列於下：

（一至七詳列土地之分配，此處省略。）

（八至十二詳列建築物、農場工具等等的分配，此處亦省略。）

十三、議定老祖堂前池塘輪流耕管，乙人兩年。

十四、議定借出現款六千元，二人均分利息，交於父母二人利用，異日父
　　　母百年歸仙之時，其費用兩人負責。（批：清風每一季必要拂出在來
　　　穀三百斤交與其風以為養父之費，不得異議。）

十五、省略十六、恐口無憑，持立鬮分字貳，各執一份，以為日後之據。

　　　中華民國四十二年 X 月 X 日

　　　立出鬮分字人　　　　傅清風
　　　　　　　　　　　　　傅其風
　　　立會人　里長　　　　葉旺星
　　　　　　　鄰長　　　　黃右倈
　　　　　　　鎮民代表　　劉雙琳
　　　　　　　族叔　　　　傅丁梧
　　　　　　　族弟　　　　傅安風
　　　　　　　族弟　　　　傅生風

D. 分單字

（一、二條詳列土地與建築物的分配，省略。）

三、議定債務：因現在起有穀會一萬臺斤額，應宜二人均擔，補至清楚。
　　向舜昌先生借入穀額一千臺斤並利息若干，二人均分償還並無異議。
　　又向農會清雲、純妹借入金由旺德償還。又向雙純、千唇、雙圭、建
　　安、玉狄借入金額分與旺川償還。

四、議定座落龍肚 A 地號二分八厘分與旺德之長男少襄取得（本筆土地，
　　母親還在時，其生產額應分與母親為雜費之用特批。）

五、其他家下現下大小家物由母親主張公當分配與之可也。

六、議定建物敷地各有二分之一權利，由日後便宜利用割當之。

七、恐口無憑特立分單字二份，各執一份為後日之證據。

　　　立出分單字人　　葉旺德
　　　　　　　　　　　葉旺川
　　　立會人　　　　　葉旺鄉
　　　　　　　　　　　劉雙琳
　　　　　　　　　　　葉旺清
　　　　　　　　　　　葉旺徵
　　　　　　　　　　　葉商霖

E. 兄弟分書

　　頃奉雙親賜命，聯芳三人各承家室，分權創業，各增祖宗之光榮也。茲將現在所有財產平等均給，與條件列明如下：

（一至四條處理財產之分配，省略。）

（第五條議定對父母的共同責任，省略。）

六、川榮歷途舛運鸞鳳失偕，悲感令弟令兄同意共給臺幣 6,000 元為續弦
　　費及時應付之事。

（第七條議定共同付稅之責，省略。）

（結尾省略。）

　　　父親　　葉財永
　　　母親　　郭凡妹
　　　長兄　　葉國書
　　　次弟　　葉川榮
　　　三弟　　葉伯彬
　　　宗親　　葉旺星
　　　代筆人　　　黃清雲
　　　1960

F. 遺言鬮分書

　　立出遺言鬮分字人……葉慶豐，生有四子，長男鼎仁、次男大仁、三男興仁、四男敞仁等，竊思樹大自然分枝及其人之生也，其理豈有二乎，不若吾現生存之中，邀得族戚前來，把將遺下動產不動產等，憑公議定，俱各分配與各去掌管，永為己業，可免後日之紛糾，然者自分之後切不得反悔異議生端故，特立遺言書二通，長男鼎仁保存一通，次三四男大仁興仁敞仁共保存一通，以為後日之證據。

一、地號 A，0.02 甲，地號 B，0.265 甲，聖亭會一份、塾學會一份，分配
　　與長男鼎仁，永為己業。

二、地號 C，0.395 甲，地號 D，0.313 甲，分配與大仁、興仁、敞仁掌管，
　　永為己業。

三、地號 E 建物，敷地 0.143 甲，及現在所有建物一切，以為大仁、興
　　仁、敞仁三人結婚之費用。

四、地號 F，0.175 甲，地號 G，0.19 甲，及家物、牛、豬、雞等一切，抵
　　以現之負債約 1,000 元及父親葉慶豐生存之飲食年老葬費。

五、祖嘗所有持份權全部與鼎仁、大仁、興仁、敞仁四人均分所得。

六、對以蕭雲金贌下之土地，0.88 甲，與鼎仁耕作及負擔其贌穀，但此田
　　保證金 210 元也，及信用組合株分分一株，此亦仍歸與父親為飲食。

上遺言鬮分舒作成候也。

　　1939

　　立遺言鬮分字人　　葉慶豐
　　　　長男　　　　　　葉鼎仁
　　　　次男　　　　　　葉大仁
　　　　三男　　　　　　葉興仁

　　四男　　　　　　葉敞仁

遺言書作成者　　　葉桂榮

立會人　　　　　　葉旺星羅丁川

G. 持分證

　　承慈命受祖上遺下之土地家屋，茲將葉郭二姓分居創業各增祖宗之光榮也所屬之課稅全歸葉家負責，其他有參件所屬之課稅，係葉郭二家均開負責。

一、家屋係祖堂從右片並橫屋共有八間，從尾節各間歸於郭姓之權利，立批所屬之課稅全歸葉家負責，其他有參件所屬之課稅，係葉郭二家均開負責。

二、私有土地水田全歸葉姓所屬之課稅全歸葉家負責，其他有參件所屬之課稅，係葉郭二家均開負責。

三、放領地水田共有 0.833 甲，之內即今割 0.45 甲於郭姓受耕權利，但期限滿了之時，葉姓之兄弟分割登記與郭家事實所屬之課稅全歸葉家負責，其他有參件所屬之課稅，係葉郭二家均開負責。

四、房屋外所屬之餘地，該葉郭兩家各兄弟公開建築之地以上所有課稅關係，但私有土地水田所屬之課稅全歸葉家負責，其他有參件所屬之課稅，係葉郭二家均開負責。

　　上記之條件原係葉郭兩家喜愿及公親立會作成持分證書一紙，為父老者保存不得異議。

　　（地址）　　葉賈莉妹

　　　　　　　　葉郭丁

　　　　　　　　葉村田

　　　　　　　葉欣金

　　　　　　　葉梅滿

　　　　　　　郭舜來

　　　　　　　郭欣春

　　　　　　　郭欣金

　　　　　　　郭欣和

　　立會人　　葉德源

　　　　　　　黃明超

　　代筆人　　黃清雲

　　1958

H. 遺囑言

　　常思人非金石安能永存於斯世，身由幻影豈可久住於人間，況余年紀五十有五，因慮及此故立遺書為囑。余晚年生子前後相繼共有七子，長男金和，次男田和，三男功和，四男光雄，五男慶雄，六男士雄，七男霍程。其中長者已分，而幼者尚幼，必賴父兄撫育教讀上學，方得成人。及其弟等長成，婚配之事此係全靠為兄長應當代父母維持家政之責，可謂繩祖武之肖子光前裕後之肖兒。

　　茲將所有土地該有登記名義者略表之。地號 A，0.4877 甲與地號 B，0.2374 甲，此兩筆金和名義。地號 C，0.138 甲，田和名義。地號 D，0.448 甲，功和名義。地號 E，0.4293 甲，光雄名義。以上係兄弟等雖有名義登入土地者皆作假登記，以求保留之事。並余名譽所有額計 1.579 甲，又官有土地（地號 F）0.22 甲以上。

　　惟願爾兄弟等能克勤克儉，能守能創發憤興家，同和合作牽成幼弟各位上學及到長成，各有婚配。完了以後能可依照以上登記土地實行分戶並耕管之事，同時便將余名義所有額，要割出三份，交登田和相續與之，仍有 1.279 甲，又官有地 0.22 甲，此係慶雄、士雄、霍程俱作，此三人均

分。又同賴丁兄共有業，爾兄弟等做七份，每年輪流祖堂香火費用。其他所有山林房屋菸屋農具家物器具各項，具做七股均分。但自此書作成以後，倘有行為不肖，起意生端敗壞家風另開火灶別立家庭者，應該空身白手逐出，彼己雖有登入土地名義，宜當分厘不准予之耕作。然此書是余當日聲請族戚臨場署名蓋印事實，當然理由合法。惟願爾等共宜勉之最之，以後倘敢不法行為，反遺抗囑，隨即呈請高明長官嚴拿究治，並鳴親族作證，同共攻奸以清風化以警頑民，使致家無逆子國有良民，家之幸甚國亦更幸甚矣。今將此書寫成兩份一樣，余夫婦各執一份，僅遺後囑云。

1955

立遺囑人	郭豐安
	（地址）
本族立會人	郭幽安
	（地址）
	郭大興
	（地址）
	郭基香
	（地址）
	郭修騰
	（地址）
親族立會人	黃得倈
	（地址）
	黃右倈
	（地址）
	黃清雲
	（地址）
代筆人	葉財永

參考文獻

家的合與分：臺灣的中國家庭

王人英（Wang Jen-Ying） 1963 〈臺灣農村家庭之一斑〉,《臺北文獻》6：20-47。

祝毓編著（Chu Yu） 1962 《臺灣與中原文化血統的關係》。臺北：私人出版。

馮和法（Feng Ho-Fa）編著 1935 《中國農村經濟資料，第二卷》。上海：黎明書局。

陸年青（Lu Nien-Tsing）編 1962 《臺灣省作物栽培調查統計》。臺北：臺灣土地銀行總行研究處。

滿思謙（Man Suz-Ch'ien 義大利神父）等編 1958 《英客字典》（English-Hakka Dictionary）。臺中：光啟出版社。

陳紹馨（Ch'en Shao-Hsing）纂修 1964 《臺灣省通志稿，卷二人民志人口篇》。南投：臺灣省文獻委員會。

廖素菊（Liao Su-Chu） 1967 〈臺灣客家婚姻禮俗之研究〉,《臺灣文獻》18（1）：19-87。

鍾壬壽（Chung Jen-Shou） 1970 《六堆鄉土開發史》。內埔：私人出版。

鍾壬壽 1973 《堆客家鄉土誌》。屏東：長青出版社。

臺灣省政府農業普查委員會編印（高雄縣）（Ag. Cen. Kaohsiung） 1963 《臺灣省農業普查報告：全面普查一般農戶：高雄縣》。南投：臺灣省政府農業普查委員會。

臺灣省政府農業普查委員會編印（臺灣）（Ag. Cen Taiwan） 1963 《中華民國五十年臺灣省農業普查總報告：全面普查一般農戶》。南投：臺灣省政府 農業普查委員會。

Ahern, Emily M. 1973 The Cult of Dead in a Chinese Village. Stanford: Stanford University Press.

Baker, Hugh D. R.　1968　A Chinese Lineage: SheungShui. Stanford: Stanford University Press.

Barclay, George W.　1954　Colonial Development and Population in Taiwan. Princeton: Princeton University Press.

Buck, John Lossing　1937　Land Utilization in China. Reprinted 1956, New York: Council on Economic and Cultural Affairs.

Chang, Chung-Li（張仲禮）　1955　The Chinese Gentry. Seattle: University of Washington Press.

Ch'en, Shao-Hsing（陳紹馨）& Fried, Morton H.　1968　The Distribution of Family Names in Taiwan（臺灣人口之姓氏分佈）, Vol. 1, The Data. Taipei: Chinese Material and Research Aids Service Center（臺北：美國亞州學會中文研究資訊中心）.

Chow, Yung-The　1966　Social Mobility in China. New York: Atherton Press.

Ch'ü, T'ung-Tsu（瞿同祖）　1959　Law and Society in Traditional China. Mouton: Paris and the Hague.（此書中文版於 1947 年由商務印書館出版，書名為《中國法律與中國社會》）

Cohen, Myron L.　1967　"Variations in Complexity among Chinese Family Group: The Impact of Modernization." Transaction of the New York Academy of Science 29(5): 638-644.

Cohen, Myron L.　1968　"A Case Study of Chinese Family Economy and Development." Journal of Asian and African Studies 3(nos.3-4): 161-180.

Cohen, Myron L.　1969a　"Agnatic Kinship in South Taiwan." Ethnology 15(3): 167-182.

Cohen, Myron L.　1969b　"The Role of Contract in Traditional Chinese Social Organization." In Proceedings VIIIth International Congress of Anthropological and Ethnological Sciences, Tokyo and Kyoto, 1968. Vol. 2, Ethnology: 130-132. Tokyo: Science Council of Japan.

Cohen, Myron L.　1970a　"Developmental Process in the Chinese Domestic Group." In Freedman, M. ed., Family and Kinship in Chinese Society. Stanford: Stanford University Press.

Cohen, Myron L.　1970b　Introduction to Village Life in China, Arthur H. Smith. Boston: Little, Brown and Co. (Reprint of 1899 edition).

Diamond, Norma　1969　K'unShen: A Taiwan Village. New York: Holt, Rinehart, and Winston.

Elvin, Mark　1970　"The Last Thousand Years of Chinese History." Modern Asian Studies 4: pt. 2, pp. 97-114.

Fei, Hsiao-Tung(費孝通)　1939　Peasant Life in China. London: Routledge.

Fei, Hsiao-Tung　1946　"Peasantry and Gentry: An Interpretation of Chinese Social Structure." American Journal of Sociology 52(1): 1-17.

Fei, Hsiao-Tung (費孝通) & Chang, Chih-I (張之毅)　1949　Earthbound China. London: Routledge.

Fortes, Meyer　1949　The Web of Kinship among the Tallensi. London: Oxford University Press.

Fortes, Meyer　1958　Introduction to The Developmental Cycle in Domestic Groups, ed. Jack Goody. Cambridge: Cambridge University Press.

Freedman, Maurice　1958　Lineage Organization in Southeastern China. London: Athlone Press.

Freedman, Maurice　1961-62　"The Family in China, Past and Present." Pacific Affairs 34(4): 323-336.

Freedman, Maurice　1966　Chinese Lineage and Society: Fukien and Kwangtung. New York: University of London, the Athlone Press.

Freedman, Mauric ed.　1970a　Introduction to Family and Kinship in Chinese Society. Stanford: Stanford University Press.

Freedman, Mauric   1970b   "Ritual Aspects of Chinese Kinship and Marriage." In Freedman, Mauric ed., Family and Kinship in Chinese Society, pp.163-188. Stanford: Stanford University Press.

Fried, Morton H.   1952   "Chinese Society: Class as Subculture." Transactions of the New York Academy of Sciences 14: 331-336.

Fried, Morton H.   1953   Fabric of Chinese Society. New York: Praeger.

Fried, Morton H.   1959   "The Family in China: The People's Republic." In Anshen, Ruth N. ed., The Family: Its Function and Destiny. New York: Harper.

Fried, Morton H.   1962   "Trends in Chinese Domestic Organization.' In Szczepanik, E. F. ed., Proceedings of the Symposium on Economic and Social Problems of the Far East. Hong Kong: Hong Kong University Press.

Gallin, Bernard   1960   "Matrilateral and Affinal Relationships of a Taiwanese Village." American Anthropologist 62: 632-642.

Gallin, Bernard   1966   HsinHsing, Taiwan: A Chinese Village in Change. Berkeley: University of California Press.

Geertz, Clifford   1963   Agricultural Involution: The Process of Ecological Change in Indonesia. Berkeley: University of California Press.

Goody, Jack ed.   1958   Introduction to The Developmental Cycle in Domestic Groups. Cambridge: Cambridge University Press.

Goody, Jack & Tambiah, S. J.   1973   Bridewealth and Dowry. Cambridge: Cambridge University Press.

Ho, Ping-Ti（何炳棣）   1959   Studies on the Population of China, 1368-1953. Cambridge: Harvard University Press.

Hsieh, Chiao-Min   1964   Taiwan-Ilha Formosa: a Geography in Perspective. Washington: Butterworths.

Hsu, Francis L. K.（許烺光）   1943   "The Myth of Chinese Family Size." American Journal of Sociology 48: 555-562.

Hsu, Francis L. K. 1959 "The Family in China: the Classical Form." In An-
shen, Ruth N. ed., The Family Its Function and Destiny. New York: Harper.

Hu, Hsien-Chin 1948 The Common Descent Group in China and Its Functions.
New York: Viking Fund.

Johnston, R. F. 1910 Lion and Dragon in Northern China. New York: Dutton.

Kuhn, Philip A. 1970 Rebellion and Its Enemies in Late Imperial China. Cam-
bridge, Mass: Harvard University Press.

Kulp, Daniel H. 1925 Country Life in South China. New York: Teachers Col-
lege, Columbia University.

Lang, Olga 1946 Chinese Family and Society. New Haven: Yale University Press.

Laslett, Peter 1972 "Introduction: The History of Family." In Laslett, P. ed.,
Household and Family in Past Time. London: Cambridge University Press.

Levy, Marion J. 1949 The Family Revolution in Modern China. Cambridge,
Mass: Harvard University Press.

Levy, Marion J. 1965 "Aspects of the Analysis of Family Structure." In Coale,
Ansley J., Fallers, L. A. & King, Philip Burke eds., Aspects of the Analysis of
Family Structure. Princeton: Princeton University Press.

Lin, Yueh-Hwa (林耀華) 1948 The Golden Wing: A Sociological Study of Chinese
Familism. New York: Oxford University Press.

Ma, Fengchow C., Takasaka, T. & Yang, Ching-Wen 1958 A Preliminary Study
of Farm Implements Used in Taiwan Province. Taipei: Joint Commission on
Rural Reconstruction (中國農村復興聯合委員會).

McAleavy, Henry 1955 "Certern Aspects of Chinese Customary Law in Light
of Japanese Scholarship." Bulletin of the School of Oriental and African
Studies 17: 535-547.

Osgood, Cornelius   1963   Village Life in Old China: A Community Study of Kao Yao, Yünnan. New York: Ronald Press.

Parish, William L.   1975   "Socialism and the Chinese Peasant Family." Journal of Asian Studies 34: 613-630.

Pasternak, Burton   1972   Kinship and Community in Two Chinese Villages. Stanford: Stanford University Press.

Potter, Jack   1968   Capitalism and the Chinese Peasant. Berkeley: University of California Press.

Shanin, Teodor   1972   The Awkward Class, Political Sociology of Peasantry in a Developing Society: Russia 1910-1925. London: Oxford University Press.

Shen, T. H.   1964   Agricultural Development in Taiwan Since World War II. Ithaca: Cornell University Press.

Simon, G. E.   1887   China: Its Social, Political, and Religious Life. London: Sampson Low, Marston, Searle and Rivington.

Skinner, G. William   1964-65   "Marketing and Social Structure in Rural China." Journal of Asian Studies 24: 3-43, 195-228, 363-399.

Smith, Arthur H.   1970   Village Life in China. Boston: Little, Brown and Co. (Reprint of 1899 edition)

Taeuber, Irene B.   1970   "The Families of Chinese Farmers." In Freedman, Maurice ed, Family and Kinship in Chinese Society. Stanford: Stanford University Press.

Van der Sprenkel, Sybille   1962   Legal Institutions in Manchu China. London: The Athlone Press.

Ward, Barbara   1965   "Varieties of the Conscious Model: the Fishermen of South China." In Banton, Michael ed., The Relevance of Models for Social Anthropology. A.S.A. Monographs 1. London: Tavistock.

Wolf, Arthur P.　1966　"Childhood Association, Sexual Attraction, and the Incest Taboo." American Anthropologist 68: 883-898.

Wolf, Arthur P.　1968　"Adopt a Daughter-in-law, Marry a Sister: A Chinese Solution to the Problem of the Incest Taboo." American Anthropologist 70: 864-874.

Wolf, Arthur P.　1975　"The Women of Hai Shan." In Wolf, Margery & Witke, Roxane eds., Women in Chinese Society. Stanford: Stanford University Press.

Wolf, Margery　1968　The House of Lim. New York: Appleton Century Crofts.

Wolf, Margery　1972　Women and the Family in Rural Taiwan. Stanfor: Stanford University Press.

Wolf, Margery　1975　"Women and Suicide in China." In Wolf, Margery & Witke, Roxane eds., Women in Chinese Society. Stanford: Stanford University Press.

Yang, Ch'ing-K'un（楊慶堃）　1959a　The Chinese Family in the Communist Revolution. Cambridge, Mass: Technology Press.

Yang, Ch'ing-K'un　1959b　A Chinese Village in Early Communist Transition. Cambridge, Mass: Technology Press.

Yang, Martin（楊懋春）　1945　A Chinese Village: Taitou, Shantung Province. New York: Columbia University Press.

國家圖書館出版品預行編目（CIP）資料

孔邁隆教授美濃與客家研究論集 / 孔邁隆（Myron
　L. Cohen）作 ; 黃宣衛等譯. -- 初版. --
　高雄市 : 高市史博館, 2016.12-2017.01
　　冊 ; 公分. --（高雄研究叢刊 ; 第1種）
　譯自 : House united, house divided : the
Chinese family in Taiwan
　ISBN 978-986-05-1686-9（上冊 : 平裝）. --
ISBN 978-986-05-1950-1（下冊 : 平裝）

　1. 民族研究 2. 家庭 3. 客家 4. 臺灣

733.08　　　　　　　　　　　　106000037

高雄研究叢刊　第 1 種

孔邁隆教授美濃與客家研究
論集（上）：家的合與分——
臺灣的漢人家庭制度

作　　　者　孔邁隆（Myron L. Cohen）
譯　　　者　黃宣衛、劉容貴
策畫督導　曾宏民
策畫執行　李旭騏、王興安
執行助理　許育寧、曾家琪

高雄史料集成編輯委員會
召 集 人　吳密察
委　　員　李文環、陳怡宏、陳計堯、楊仙妃、謝貴文

執行編輯　王珮穎、李麗娟
美術編輯　施于雯
封面設計　闊斧設計

發 行 人　楊仙妃
出版發行　高雄市立歷史博物館
地　　址　803 高雄市鹽埕區中正四路 272 號
電　　話　07-5312560
傳　　真　07-5319644
網　　址　http://www.khm.org.tw

共同出版　巨流圖書股份有限公司
地　　址　802 高雄市苓雅區五福一路 57 號 2 樓之 2
電　　話　07-2236780
傳　　真　07-2233073
網　　址　http://www.liwen.com.tw
郵政劃撥　01002323 巨流圖書股份有限公司
法律顧問　林廷隆律師
登 紀 證　局版台業字第 1045 號

　ISBN　978-986-05-1686-9（平裝）
　GPN　1010503185
初版一刷　2016 年 12 月　　　　　　　　　定價：300 元

Printed in Taiwan

（本書如有破損、缺頁或倒裝，請寄回更換）